José Ferreira

BALASAR ANTIGA

Segunda edição

Balasar

DO MESMO AUTOR

Vinde todos... à descoberta da Alexandrina, Póvoa de Varzim, 2004.
Outeiro Maior, Outeiro Maior, 2005 (em colaboração).
Até aos Confins do Mundo, Póvoa de Varzim, 2007. Edição simultânea em inglês com o título de *To the Ends of the Earth*.
Monte de Fralães, Monte de Fralães, 2013.
Balasarenses, Balasar, 2014.
Balasar Antiga, Balasar, 2014.
Balasar no Século de D. Benta, Balasar, 2015.
Blessed Alexandrina, Balasar, 2015 (nonprofit edition).
Páginas da História de Bagunte, Vol. I, Bagunte, 2015.
Páginas da História de Bagunte, Vol. II, Bagunte, 2016.
Igreja de Nossa Senhora da Lapa de Vila do Conde, Vila do Conde, 2016.
A Santa Cruz de Balasar e o Cisma Liberal, Balasar, 2017.
Balasar no Caminho da Modernidade, Balasar, 2017.

Prefácio

Sai agora a segunda edição da *Balasar Antiga*, o que me permite fazer um ou outro acrescento, corrigir alguns deslizes da edição original e melhorar o visual do livro. Mas entendo que merece continuar aqui o prefácio de origem:

Quando aí por 2006 o Sr. António Machado me convidou a estudar Balasar, neguei-me a fazê-lo: eu imaginava o que isso implicava, não conhecia a freguesia e além disso tal tarefa desviava-me doutras que então tinha em vista. Mas aos poucos aceitei a ideia.

Investigar a história duma freguesia extensa e rica como Balasar é coisa complexa. Não houve nela um monumento de valor histórico e artístico como em Rates; não teve pontes românicas como Gondifelos ou Arcos; não teve uma casa nobre e antiga como a dos Cavaleiros do Outeiro Maior; não teve figuras de projecção nacional em tempos recuados. Mas ainda assim teve uma Pousa Real na distante Idade Média; teve uma casa nobre recente que chegou a pertencer a um intelectual tão relevante como o Visconde de Azevedo; teve a Santa Cruz, que lhe trouxe milhares de visitantes; foi sede de julgado de paz; teve uma unidade industrial tão significativa como a Algot; teve e tem a riqueza das suas casas tradicionais e modernas, dos seus férteis campos, o trabalho, a dedicação, a criatividade das suas gentes, o dom do rio que a atravessa; tem as Fontainhas. E tem hoje a Beata Alexandrina que lhe leva o nome a todos os continentes.

Foram muito variadas as fontes de que me servi ao longo dos anos em que investiguei o tema: documentos existentes no arquivo da Póvoa de Varzim (actas da Câmara, correspondência do administrador, testamentos, aforamentos, plantas para obras rodoviárias e outras, listas de eleitores, consentimentos para os rapazes emigrarem, informação sobre ensino), nos arquivos de Vila do Conde, de Barcelos, da Universidade do Minho, no Arquivo Distrital do Porto, no da Junta de Rates (livros do juiz de paz) e no da Junta de Balasar (actas). Explorei os artigos do Boletim Cultural, os jornais poveiros, os assentos paroquiais, outra informação existente em linha, os tombos da freguesia e da comenda, fontes orais, documentos relativos à Santa Cruz, um arquivo particular balasarense, livros publicados que trazem alguma informação sobre a história da freguesia, toponímia, etc., etc.

Uma investigação assim implica com saberes muito diversos, o que alarga proporcionalmente a margem para as imprecisões. Mas ficarão no meu estudo ao menos pistas que um dia outros poderão desenvolver com conhecimento mais especializado.

No presente livro coloquei o que me foi possível apurar da história de Balasar até finais do século XVI. É um trabalho particularmente sensível pelo seu carácter pioneiro, pela antiguidade das matérias abordadas e pela natural escassez de informação sobre esse longuíssimo período.

Às muitas pessoas que de algum modo me auxiliaram expresso o meu agradecimento.

O Autor

4

A ANTIGUIDADE MAIS REMOTA

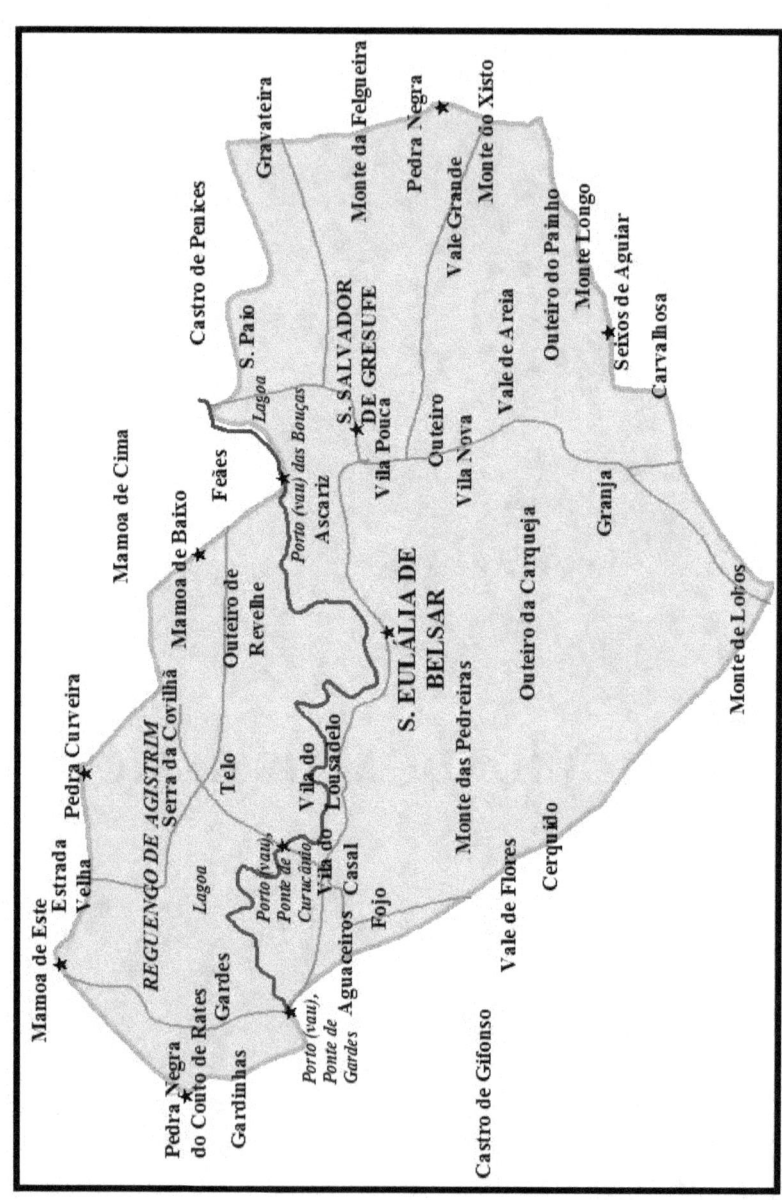

Balasar antiga (croquis)

A COMEÇAR

1. Para uma descrição geográfica

Balasar fica no extremo norte do Distrito do Porto, a 14 quilómetros para nascente da sede concelhia, a cidade da Póvoa de Varzim; limita com Barcelos, Vila Nova de Famalicão e Vila do Conde e só se liga, através das Fontainhas e por uma estreita faixa, com outra terra poveira, Rates.

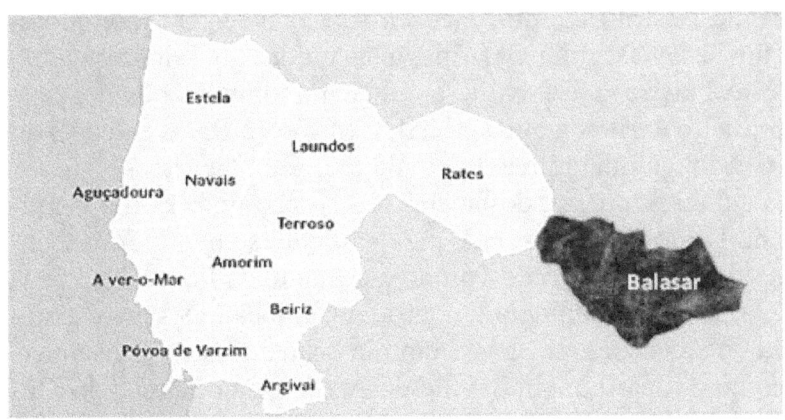

Balasar no mapa do concelho da Póvoa de Varzim do Portal Municipal (adaptado).

É uma freguesia com áreas planas e muito férteis, mas com outras de monte cuja altitude chega a ser a mais elevada de todo o espaço do município. Possui ainda largas zonas de mata sobretudo a sudeste e sudoeste.

A estrada que vai da Póvoa para Vila Nova de Famalicão atravessa-a a norte; a auto-estrada A7 corta-a a sul. A sua via estruturante acaba por ser a que vai do Cubo por Gestrins e Telo, passa junto à igreja e segue depois para Fradelos. Perpendicular a esta, vem uma outra dos lados de Arcos, pelo Casal e Lousadelo, passa também junto à igreja e vai até Além e Gresufes.

O rio Este, vindo de Gondifelos, divide-a em duas partes, a do norte, mais plana, e a do sul, mais acidentada. Segue um curso sinuoso não tanto pelo facto de o declive ser pequeno quanto pelo de algumas elevações do terreno, na margem esquerda, lhe obstaculizarem a passagem, o que fica muito claro quando transborda, cobrindo vastas áreas.

A parte norte, embora bastante plana, não é uma planície em sentido estrito. Contra Negreiros, eleva-se uma colina em cuja base nasceram Gestrins, mais a norte, o Telo, a sudoeste, o Faleiro e a Covilhã a sul. Esta colina impôs desvios, primeiro à estrada que vinha de Feães para Rates e depois ao traçado da linha férrea da Póvoa para Famalicão.

A sul da freguesia, destaca-se a elevação onde está o Caminho Largo, que se estende para nascente e poente. A nascente, ficam o Outeiro do Painho e o monte da Fonte das Pegas e, a poente, ainda há o Outeiro da Carqueja. Desta correnteza de elevações, cavam-se em direcção ao Este vários vales, como o Vale Longo, o Vale de Areia e o que desce do Outeiro da Carqueja. Estes vales, que terminam sempre antes de chegar ao rio, alargam-se então em espaços planos[1].

---

[1] É possível que alguns balasarenses desconheçam alguns dos topónimos que aqui usamos e que colhemos em documentos principalmente do século XIX.

Em 1840, o administrador do concelho, que era o balasarense adoptivo António José dos Santos, escreveu que "existem alguns maninhos na freguesia de Balasar, mas terra tão ingrata que tem sido inteiramente

O monte do Xisto divide a freguesia das que lhe estão a nascente; para lá de Caminho Largo, ainda fica a Gandra. O monte ou serra das Pedreiras quase delimita Balasar a poente.

A A7 deixou para sul uma área de bravio, onde se destacam o monte de Lobos e o monte de Niz.

Conciliação feliz entre o uso tradicional do xisto e o gosto artístico moderno.

Balasar é terra de xisto, rocha que foi noutros tempos muito usada nas construções principalmente em lugares como o Lousadelo, o Casal e outros.

Chegou a haver na freguesia alguma mineração de curiosos, como foi o caso do volfrâmio nos anos iniciais da II Guerra Mundial.

---

desprezada, e formam montados quase calvos e compridas charnecas cuja produção é carrasca e carqueja" (cf. o documento n.º 5 do Apêndice documental). O cavado dos vales seria então muito mais notório que hoje.

2. As cheias do Este

No Inverno, o rio Este alaga não raro vastas áreas agrícolas num espectáculo impressionante. Isso acontece ainda antes de chegar à ponte que vai da Quinta para o Calvário, mas é sobretudo espectacular a seguir, devido àquela ligeira elevação onde está o Lousadelo e que ainda avança para norte. Ela estrangula a corrente que, por ter dificuldade em escoar, submerge então larga porção da margem.

As cheias de final de 2009, por exemplo, mostraram uma Balasar que só bastante raramente se pode admirar e puseram em evidência como o rio a dividia.

Os assentos paroquiais conservam memória de vários afogamentos no rio. Por exemplo, este:

A cheia no rio Este vista do adro da Igreja.

Aos três dias do mês de Abril de mil setecentos e oito, faleceu António Álvares, de Gresufes, sem sacramentos: caiu ao rio, morreu afogado. [...]

O Pe. Leopoldino no noticiário de 20 de Janeiro de 1936 falou das cheias em Balasar:

> O último temporal transformou num grande lago a nossa freguesia cujos campos estavam cobertos de água com bastante altura. Do largo da igreja paroquial se avistam os campos completamente alagados, podendo em alguns sítios navegar pequenos barcos.

Mas se em momentos de cheia o rio se transforma em verdadeiro lago, noutros períodos do ano proporciona encantos bucólicos.

Sabe-se que houve na freguesia ao menos duas lagoas ou pequenos lagos temporários resultantes de a superfície de alguns campos ficar abaixo do nível da área circundante e a água não escoar. Uma ficava a poente de Gestrins e outra a norte de Vila Pouca, próxima do Este.

3. Padroeiros

A extinta paróquia de Gresufes tinha como padroeiro São Salvador, como Navais e Touguinhó. São Salvador ou Divino Salvador é Jesus Cristo; a festa litúrgica celebrava-se em 6 de Agosto, no dia da Transfiguração.

O padroeiro da paróquia de Balasar sempre foi Santa Eulália.

Santa Eulália (c. 292-304) nasceu e foi martirizada ainda adolescente em Mérida, cidade de que é "padroeira principal e alcaidessa perpétua". Mérida fica na província de Badajoz, a menos de 100 km de Elvas; é uma cidade admirável pela sua história e pelas suas ruínas romanas.

4. A palavra Balasar

O Pe. Leopoldino Mateus menciona um escrito do Pe. Arlindo Ribeiro da Cunha sobre a origem da palavra Balasar: ela deriva de *Belisário*.

São as seguintes as formas antigas sob que ela ocorre: *Belsar, Belssar, Belesar, Bassar, Balssar, Ballassar*.

A sílaba final leu-se sempre, necessariamente, como *zar*, apesar dos registos gráficos: *Belzar, Belezar, Bazar, Balzar, Ballazar*. A história duma palavra é sobretudo a do seu uso oral e esta sílaba tónica, que se lia como *za* em Belisário, há-de ter permanecido inalterada.

Como *Belsar* e *Belesar*, por um lado, e *Balssar* e *Ballassar*, por outro, são formas paralelas, semelhantes, juntando-se-lhes *Bassar*, ficam três versões do topónimo a merecer atenção.

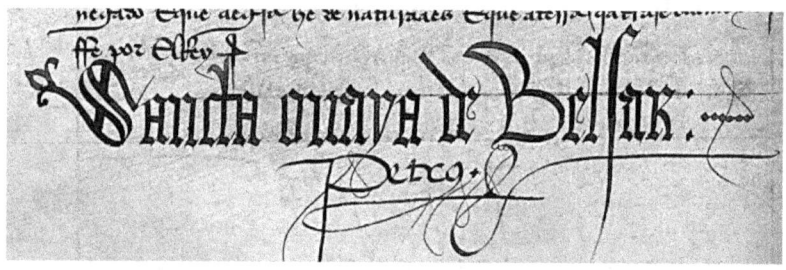

Nas Inquirições de 1343 escreveu-se assim o nome da freguesia: *Sancta Ovaya de Belsar.*

Belesar e *Belsar* só diferem num pormenor do registo escrito: umas vezes respeitou-se aquele *e* a seguir ao *l*, outras não; em termos de pronúncia era quase a mesma coisa.

Em relação a *Ballassar* e *Balssar*, a situação é idêntica, sem diferenças significativas para a pronúncia. Em *Bassar*, verifica-se o caso conhecido da eliminação dum *l* intervocálico; por isso corresponde a *Ballassar*.

12

Posto isto, restam duas variantes: *Belesar* e *Ballassar*[2]. Aceitando que elas se liam *Belezar* e *Balazar*, fica apenas por explicar a substituição dos dois *ee* pelos dois *aa*. Trata-se porém de duas formas quase igualmente antigas, já que *Bassar* ocorre em 1258.

Quando porém se diz que o nome da freguesia se origina de Belisário, deve-se estar precavido para o seguinte: nunca terá havido qualquer Belisário em Balasar, mas só um *Belsar*. Paio Correia o Velho**Erreur! Signet non défini.** e o seu filho Pêro Pais Correia que aparecem à frente só no latim dos documentos tabeliónicos é que se chamavam, em formas alatinadas, respectivamente, *Pelagius Corrigia vetus* e *Petrus Pelagii Corrigia*, como é confirmado pelos nobiliários[3]. Atendendo ao étimo da palavra, não há nenhuma razão para a grafar Balasar com *z* em vez de *s* no princípio da última sílaba.

O Pe. Leopoldino tem uma explicação para a adopção do nome de Balasar para a freguesia que é errada e que deve ser corrigida. O erro nasce dele desconhecer mesmo, ao que parece, o texto das Inquirições de D. Afonso II e de D. Afonso III.

Afirmou este antigo pároco que, no momento de se juntarem as paróquias de Gresufes e Balasar, se pôs a questão do nome a dar à nova realidade que surgia e que houve polémica,

---

[2] Esta forma *Balazar* é estranha e pode ter resultado duma tentativa de errada aproximação a um étimo não histórico, mas hipotético, talvez algum nome bíblico ou clássico. Isso explicaria melhor como nos três casos conhecidos do uso deste topónimo (o da freguesia de que aqui se trata, o da freguesia do concelho de Guimarães e o do lugar de Borba de Godim – ver na página seguinte) se tenha chegado sempre à mesma forma distante do Belisário original.

[3] No Conde D. Pedro, o nome destes homens vem assim escrito: *Paay Soarez Correa o Velho* e *Pero Paaez Correa*.

13

acabando por se adoptar a solução de eliminar os dois topónimos anteriores e optar pelo dum lugarejo insignificante. Mas o nome que na altura se adoptou foi o da freguesia anexante, que há muito se chamava Balasar, e nenhum documento dá conta de tal polémica.

5. Outras localidades com o nome de Balasar

No concelho de Guimarães existe uma freguesia com o nome de *Balazar*; no de Felgueiras, em Borba de Godim, existiu um lugar com o mesmo nome. Na Corunha, há vários lugares com o nome de Belesar e em Ordes, na Rua Fonte, também se conhece um Balazar[4]. Até na Índia, em Guzerate, chamam *Balasar* a uma localidade.

---

[4] Em Ourense, há um *Gresufe* e na freguesia da Gandra, Ponte de Lima, um *Grejufe*,

14

MEMÓRIAS MUITO ANTIGAS

Reúne-se a seguir aquilo que se pode saber com alguma segurança dos espaços onde foram criadas Gresufes e Balasar: informações relativas à Pré-História e à Antiguidade e ainda à Idade Média mais remota.

1. Duas mamoas

Balasar integra-se numa área onde está documentada uma ocupação humana muito antiga. Disso dão testemunho as mamoas (cerca de 5000 a 3000 a. C.)

Nos seus limites, houve duas, uma a norte, onde se reúnem Rates, Macieira de Rates e Balasar, próximo da estrada para Barcelos, e outra a nascente, a sul da Covilhã, no limite com a extinta S. Marinha de Vicente[5].

Pela indicação que o tombo de Gondifelos (década de 1780) fornece sobre a destruição da mamoa de baixo e por não se conservar delas, nos locais, qualquer memória, deduz-se que

---

[5] Esta era a *mamoa de baixo* por oposição a uma outra que ficava nos limites de S. Marinha de Vicente com Negreiros, a *mamoa de cima*. Mas, ao que nos disseram, ainda há uma terceira na freguesia, próxima da estrada nacional.

Numa área de poucos quilómetros onde se inclui Balasar a norte do Este hão-de ter existido seis mamoas. Além das já referidas, houve mais uma em Figueiras, Macieira de Rates (segundo uma inquirição D. Dinis) e uma em Moldes, Arcos (referenciada num *site* camarário).

talvez tenham sido ambas destruídas antes de finais do século XVIII pelos pesquisadores de "minas encantadas"[6].

A mamoa do limite de Balasar com Macieira de Rates e S. Pedro de Rates vem mencionada nas Inquirições de 1258, no Tombo de 1542 e nos da Comenda[7]; a do limite de Balasar com S. Marinha de Vicente vem no Tombo de 1542 e no Tombo de Gondifelos.

Estes monumentos implicam que já houvesse razoável organização social e económica ao tempo da sua construção.

2. Um menir

Tem algo de surpreendente que uma desaparecida freguesia hoje integrada em Cavalões se chamasse S. Veríssimo de *Pedrafita*. Pedrafita ou perafita são nomes de origem latina para menir. Também em Macieira de Rates existiu uma pedrafita[8].

Inclinamo-nos a considerar perafita o marco que divide ao mesmo tempo Balasar de Rates e Arcos e que, em 1258, foi referido como a "Pedra Negra, que é do Couto de Rates"; tomaram-na como o ponto de partida para a delimitação do reguengo de Agistrim[9].

---

[6] Notável esta citação do Tombo de Gondifelos: "... daqui corta para a mamoa de baixo até o sítio onde estão duas pedras grandes metidas antigamente: dizem se meteram ou desenterraram quando se procuraram as minas encantadas" (cf. doc. n.º 4 do Apêndice documental).

[7] Vem também mencionada em inquirições de Macieira, com o nome de Mamoa de Este. Como mais tarde se vai chamar Mamodeste a Modeste, fica-se com a impressão de que o nome deste lugar tem na origem a expressão Mamoa de Este.

[8] Manuel Ferreira de Araújo, *Santo Adrião de Macieira*, sem data, páginas 26-27.

[9] Antes de nós, já outros autores formularam a mesma hipótese, como vem em NASCIMENTO, André; BERNARDO, Helena; SOUSA, Lau-

Em 1338, um tal Estêvão Moniz, escudeiro, de Fornelos, no actual Outeiro Maior, vendeu certa propriedade e o tabelião de Faria, João Fernandes, fez o documento da venda "a par da Pedra do Couto de Rates, de Sobre-Guardes, termo de Faria"[10].

Nas Inquirições de 1343, esta pedra é mencionada duas vezes como Pedra Negra.

No tombo de 1542, foi chamada simplesmente Pedra do Couto.

A. de Almeida Fernandes considera a *pedra do couto*, "evidentemente, um padrão de imunidade (nobre ou mesmo popular, municipal) ".

Há um documento dos pais de D. Benta, com data de 19 de Fevereiro de 1725, que foi feito "no lugar das Lagoas, junto ao Marco do Couto desta mesma Vila de Rates". Seria este Marco do Couto a antiga Pedra do Couto de Rates?

Se se repara bem, há implícita uma notícia mais antiga sobre este menir. No Censual do Bispo D. Pedro, diz-se do arcediagado de Vermoim que ficava "entre Ave e Este e desde Guardinhas até S. João de Brito"[11]. Quando aqui se fala em Guardinhas remete-se sem dúvida para a pedra de que estamos a falar e que fica junto a Guardinhos. E como a divisão

---

ra; LEITE, Susana, *Janelas para o Passado – um Olhar sobre o Património de Balasar, Laundos e Rates,* Câmara Municipal da Póvoa de Varzim, Póvoa de Varzim, 2003, página 229.

Pensamos que o facto de a pedra possuir *fossetes* (covinhas) abona nesse sentido. Já nos custa a crer que se trate de "um afloramento granítico natural", como alguém afirmou.

[10] Um documento de 1431, do Mosteiro da Junqueira, também menciona uma "pedra do couto" no Outeiro Maior. Neste caso, o couto é o do Mosteiro da Junqueira.

[11] "... inter Ave et Alister et des Guardias usque in Sancto Johane de Brito".

dos arcediagados seguiu "termos antigos", ela envia para uma divisão romana[12].
São muitos documentos para uma mesma pedra. Trata-se de um raro monumento.

Marco que limita Rates, Balasar e Arcos. É a antiga Pedra do Couto e certamente um préhistórico menir ou perafita. Tem a face principal voltada para Balasar (para nascente). Há quem afirme haver na sua parte superior algum carácter antropomórfico.

No ponto de encontro de Balasar, Gondifelos e Cavalões, houve uma segunda Pedra Negra de que desconhecemos mesmo se ainda se encontra no lugar de origem. É mencionada nos tombos paroquiais de Balasar (1542) e de

---

[12] Está em exposição no Museu de Rates uma estela romana.

Gondifelos (cerca de 1780) e ainda no Tombo da Comenda de Balasar (1608).

Nesta última data fala-se de Pedras Negras[13], no plural, e em 1780 do Alto da Pedra Negra.

3. Outeiros

Os outeiros são muito mais recentes do que as mamoas, pois vêm do período celta da transição da Pré-história para a Antiguidade. Na freguesia identifica-se o de Revelhe, que ficava próximo do nicho da Senhora dos Caminhos, o que deu nome a um lugar junto de Vila Nova e Vila Pouca, o Outeiro do Painho, no extremo sudeste da freguesia, o da Carqueja, na Gandra, o Outeiro Redondo, que não sabemos localizar, e ainda um outro, associado à mamoa de entre Gestrins e Macieira, mencionado pelos Tombos da Comenda.

Ao contrário das mamoas, alguns destes outeiros ficavam em lugares que hoje são do interior de Balasar.

O vocábulo outeiro tem como origem a palavra altar, provavelmente através duma forma adjectiva. Podemos supor que a evolução terá seguido este caminho: *altare* > *altariu* > *autario* > *outerio* > *outeiro*. Ele designa um muito antigo lugar de culto – uma colina – dos tempos celtas[14].

---

[13] O mapa dos Serviços Cartográficos do Exército identifica, já para o interior de Cavalões, um monte a que chama Pedras Negras.

[14] A informação que aqui expomos sobre os outeiros resulta do esclarecimento que pedimos ao Mons. Manuel Amorim quando estudámos a freguesia do Outeiro Maior; nunca a encontrámos escrita, o que é estranho pois o tema devia merecer mais atenção uma vez que, ao menos cá pelo Norte, não deve haver freguesia que não tenha o seu lugar do Outeiro. É contudo fácil de concluir que os outeiros só podem ter origem pagã e serem por isso anteriores ao cristianismo. Quando S. Martinho de Dume, no seu *De Correctione Rusticorum*, diz que os pagãos ofereciam

4. Balasar, vila luso-romana?

Baptista de Lima escreveu que Balasar foi uma "vila luso-romana ainda da Cividade de Bagunte". Deve ter deduzido esta afirmação da tese de Alberto Sampaio sobre *As Vilas do Norte de Portugal* e da ideia, certamente errada, de que o Belsar que deu o nome à freguesia teria sido alguém importante em tempos muito distantes.

Uma vila romana era um latifúndio, com vasto edifício de habitação, celeiros, currais, etc. Uma "vila luso-romana" deveria ser também uma exploração agrícola de grande dimensão. Mas onde estão os vestígios arqueológicos dessa vila em Balasar?

Quem visita a Cividade de Bagunte não precisa de ser muito entendido para verificar que não há ali construções romanas, antes pequenas casas da tradição castreja. Com a ocupação pelos romanos do território hoje português, os castros hão-de ter iniciado o seu ocaso: não havia mais razão para passar a vida no cume dos montes com todos os incómodos que daí decorriam.

Baptista de Lima relaciona o nome de Balasar com o general *Belisarius*[15] (melhor, *Belisários* pois ele era grego). Ora é de crer que o Belsar balasarense que construiu a igreja do Matinho tenha vivido apenas no século XII. Se Santa Eulália de

---

sacrifícios no cimo dos montes (*in excelsis montibus*), talvez remeta directa ou indirectamente para os outeiros.

A palavra outeiro tem outras acepções além desta, mas então deriva do numeral oito e designa certos momentos festivos ligados ao calendário litúrgico ou à eleição de responsáveis das antigas casas religiosas femininas.

Também se dizia *oiteiro* em vez de *outeiro*.

[15] Belisário (505-565) foi um grande general do Império Bizantino.

20

Belsar faz a sua aparição nas inquirições e sucede à antiga Santa Eulália de *Lousadelo*, entre outras razões que desconhecemos, uma terá sido a de que Belsar construiu então igreja nova.

Até aos séculos XI e certamente XII, não houve na área de Balasar nenhuma freguesia com este nome. Além disso, as duas que depois existiram pertenceram a Vermoim, o que também pode indicar menor relação com a Cividade de Bagunte.

Parece-nos admissível que a Casa de Cavaleiros tenha sido a herdeira feudal de quaisquer prerrogativas da Cividade nas redondezas. Ainda em finais do século XIX continuavam a pertencer a esta casa muitos terrenos do Outeiro Maior, de Ferreiró, mas também de Arcos e Bagunte, e devia ser assim quase desde há 1.000 anos. E terão sido dela os maiores benfeitores do Mosteiro de S. Simão da Junqueira.

A Casa de Cavaleiros fica no início da planície para quem desce da Cividade para sul e ocorreram lá alguns achados romanos (como também em Vila Verde, próximo do rio Ave, e até em Vilar, Bagunte). Poderemos admitir que também Balasar, onde Cavaleiros possuiu bastantes bens[16], tenha tido uma distante ligação à Cividade, mas através desta casa. Gresufes, essa relacionar-se-ia mais estreitamente com o Castro de Penices.

5. Feães, o Castro de Penices e Gresufes

Balasar foi muito tempo uma freguesia bastante isolada das suas vizinhas. Como o lugar habitado das Fontainhas

---

[16] Em 1762, ainda havia onze casas balasarenses que pagavam foros à Quinta de Cavaleiros e se alguns deles eram diminutos (2 ou 3,5 rasas de trigo, 10 rasas de pão), uma pagava 57 rasas de pão, outra 71, o que devia ser muito para a capacidade produtiva das terras.

não existia, estava isolada de Rates e de Macieira; teria algum contacto mais próximo com Arcos, através de Guardinhos, quase nenhum com Bagunte e com S. Martinho do Outeiro[17]; pouco com Fradelos, Vilarinho das Cambas e Cavalões; idêntica situação face a Negreiros. Sendo assim, a proximidade de Além, Vila Pouca e Escariz para com Feães era excepção.

As referências antigas a uma ponte e a dois portos ou vaus que ali existiram devem confirmar os contactos estreitos entre as duas margens do Este.

Não deve ser por acaso que na Idade Média os Correias eram senhores de Feães e de Gresufes: nisso ainda estaria alguma relação com o Castro de Penices. Gresufes estava bem mais próximo deste castro que Balasar do de Gifonso[18] e da Cividade de Bagunte[19].

---

[17] Até à chegada do Liberalismo esta freguesia foi sempre conhecida como S. Martinho do Outeiro. A primeira vez que lhe chamaram Outeiro Maior deve ter sido nos documentos liberais de 1832 ou de 1834 ou até só de 1835. A partir de então, esta designação tornou-se vulgar em documentos oficiais, mas não eliminou de vez a anterior.

[18] Em 1072 ocorreu no Castro de *Argifonso* um acontecimento socialmente importante, que há-de ter dado brado mesmo em Balasar.

O Conde Froila Crescones, doente, reuniu ali várias pessoas gradas: o abade Sameiro, o abade Pedro, o abade Ária, o abade Frógia (deviam ser os responsáveis dos mosteiros mais próximos), Pedro Halifaz, Joanes Segeredis e outros irmãos e muitos leigos e fez uma promessa que muito beneficiaria o Bispo D. Pedro (o primeiro que regressara de Lugo, onde haviam residido os seus antecessores). Mas mesmo que morresse, comprometia-se a largas doações.

Mandou que o seu corpo fosse sepultado no Mosteiro da Várzea, que o abade Frógia então dirigia (quase século e meio mais tarde, também lá iria ser sepultado D. Paio Soares Correia, o senhor de Gresufes).

Como este conde volta a fazer doações no ano seguinte, terá sarado. Uma dessas doações referia-se a umas salinas em Vila do Conde, pelo

22

Do espólio recolhido no Castro de Penices merece referência um fragmento de cerâmica grega que poderá vir ainda do século V antes de Cristo, quando a Grécia era um importantíssimo centro de irradiação civilizacional. Foi lá encontrada uma moeda romana de Públio Carísio, general de Octávio César Augusto, o fundador de Braga.

Panorama de Feães e colina de Penices (ao fundo à direita) vistos de Vila Pouca.

6. Vilas góticas, agras e alguns antropónimos

É comum encontrar-se na área das paróquias medievais memória de várias *vilas* rústicas. Há uma cantiga de amigo

---

que nesta cidade há um pequeno largo com o nome do Conde Froila Crescones.

[19] Os castros são contemporâneos da criação dos outeiros, mas muito posteriores a um monumento megalítico como o da "mamoa de baixo", que ficava nas proximidades de Feães.

A Cividade de Bagunte e o Castro de Gifonso (*Argifonso* nos documentos antigos) são realidades distintas.

23

que identifica essas vilas simplesmente com casas, mas não eram certamente umas casas quaisquer, mas casas abastadas:

> Vou-me a la bailia
> Que fazem em *vila*
> Do amor.

> Vou-me a la bailada
> Que fazem em *casa*
> Do amor.

Vista parcial das ruínas do Castro de Penices.

As inquirições identificam duas vilas[20],a Vila do Casal e a do Lousadelo**Erreur ! Signet non défini.**, mas a toponímia acrescenta outras duas, Vila Pouca e Vila Nova. A razão por

---

[20] Numa freguesia pequena como o Outeiro Maior, os documentos assinalaram três vilas (Outeiro, Gacim e Fornelos); em Bagunte, houve a vila de Bagunte, Vila Verde, a vila de Figueiró, a de Vilar, a de Cacavelos, a de Corvos, a de Segesmonde, etc.; em Arcos, as de Gifonso, Moldes e Irpins. Mas eram vilas góticas, isto é, casas de lavoura abastadas, a uma distância de muitos séculos das vilas romanas.

que Vila Pouca e Vila Nova não são mencionadas pelos inquiridores é sem dúvida por os funcionários régios não verem nenhuma necessidade de se ocupar com Gresufes (a que estas vilas pertenceriam) pois toda a freguesia era dos Correias. Conhece-se um documento que assinala ainda uma quinta vila, quando fala da Agra de Vila, não longe da Quinta de Balasar, para sul.

A designação de vila para a propriedade rural, nos séculos finais da Idade Média, devia ser já um arcaísmo. Com uma estrutura certamente diferente, o que então se generalizava eram os casais.

A antepassada duma destas casas ou de alguma sua vizinha foi sede da Vila do Casal. O lugar era então atravessado por uma via movimentada.

Identificam-se também na freguesia várias *agras*; a criação deste tipo de propriedade agrícola pode ser anterior à das vilas góticas agora mencionadas.

Nas origens dos nomes Gestrins, Escariz e talvez Telo (como no de Gresufes), estão *antropónimos* muito antigos, pelo menos do tempo dos visigodos. Belsar ser-lhes-á posterior.

7. A Agra do Paço

Um documento de 1842 menciona uma intrigante "leira da Agra do Paço" do "Casal de Balasar, foreiro à Comenda de Chavão"[21]. Domingues dos Santos e Maria Alves dos Santos reclamavam então a posse dela.

No segundo volume da *Etnografia Portuguesa* de Leite de Vasconcelos, página 379, lê-se esta informação sobre vilas e paços que ajuda a esclarecer o que poderia ser o paço a que pertenceu a agra:

> Com a palavra *villa*, como designação genérica de propriedade rural, onde em modesta casa, chamada *paço, paaço*, de **palatium**, habitava o *dono*, **dominus**, ou senhor, concorrem em documentos latinos da nossa idade-média, *villula, villar* e *vicus*.

O paço era então a casa do dono da vila.

Um sábio genealogista deu-nos porém este esclarecimento:

> Paço (vem de palácio) quer dizer casa de habitação nobre, e não implica antiguidade. As honras tinham sempre a sua quintã e paço. Mas, com o fenómeno da divisão dos respectivos casais entre irmãos, muitas vezes estes faziam paço na parte que lhes cabia. Segundo a legislação de D. Dinis, quando havia divisão da propriedade dos casais de uma honra entre irmãos (ou primos), era considerado senhor da honra o que tinha a quintã e paço originais.

---

[21] Cfr. documento n.º 6 do Apêndice documental.

Esta citação completa a da Etnografia, mas tem a ver com uma realidade posterior; contudo, ambas as transcrições ajudarão a esclarecer o sentido do topónimo balasarense "Agra do Paço"[22].

8. Balasar na *Grande Enciclopédia Portuguesa e Brasileira*

A Propaganda de 12 de Agosto de 1938 transcreve da *Enciclopédia Portuguesa e Brasileira (sic)* este apontamento sobre Balasar:

> Freguesia do concelho e comarca da Póvoa de Varzim, distrito do Porto, Arquidiocese de Braga, relação do Porto; orago, Santa Eulália de Mérida; população, 1.462 habitantes, com 340 fogos. Dista 14 quilómetros da sede do concelho e é servida pela estação das Fontainhas e apeadeiro de Balasar. Tem serviço de correio, escolas primárias, posto de ensino, fábrica de cal, moagem e serração, indústria de funilaria e uma intensa produção agrícola, principalmente vinho, trigo, milho, centeio, hortaliça, etc.
>
> Tem feira semanal no lugar das Fontainhas e romaria ao Senhor da Cruz no dia do Corpo de Deus. A origem desta romaria deita *(sic)*, segundo a tradição, dum milagre sucedido no dia do Corpo de Deus, no ano de 1832. Indo o povo de manhã para a missa, divisou junto do monte chamado Calvário, uma cruz marcada na terra, de cor mais branca do que a terra

---

[22] Na inquirição de 1343 sobre Santa Marinha de Vicente, menciona-se duas vezes a palavra paço, com certeza no sentido que lhe dá a segunda das duas citações. E ainda se mencionam fidalgos. Também em Arcos havia então um paço.

27

que em volta estava e sem o orvalho que esta tinha. Varrida a terra, tornou a aparecer a cruz no dia seguinte. E o mesmo sucedeu depois de destruída com água, sendo a cruz agora de terra mais negra. Estabeleceu-se romaria importante que, depois de inquérito, foi consentida pelas autoridades eclesiásticas e construiu-se uma ermida onde a cruz se venera.

A classe piscatória da Póvoa de Varzim concorre em grande escala a esta romaria, deixando abertas na porta da ermida as suas siglas.

Balasar foi vila luso-romana da cividade de Bagunte. A freguesia de Balasar resultou da fusão de duas antigas freguesias: Santo Adrião de Gresufes, com igreja no lugar de Além, e Santa Eulália do Casal, com igreja no lugar do mesmo nome. A nova igreja paroquial data de 1907. Na freguesia passa o rio Este, afluente do Ave.

O autor do escrito errou quase tudo o que disse no parágrafo final: os documentos ou o negam ou pelo menos não o confirmam.

Balasar não foi certamente vila luso-romana da Cividade de Bagunte. As duas paróquias de que resulta a Balasar actual foram *São Salvador* de Gresufes e Santa Eulália *de Balasar*, não *Santo Adrião* de Gresufes e Santa Eulália *do Casal*. No Casal houve a capela de Nossa Senhora da Piedade, mas com certeza nunca igreja paroquial. A antiga igreja de Gresufes ficava em Além, mas foi mandada edificar por alguém de Gresufes: o "assento *(da igreja)* de São Salvador" (1542) ficava em Além, mas era o "Casal de Gresufes" (1830). A nova igreja paroquial de Balasar não data propriamente de 1907, mas foi apenas começada nesse ano; a parte principal das obras decorreu em 1908 e 1909.

A *Enciclopédia Verbo* actualiza o número de habitantes indicado pela *Grande Enciclopédia Portuguesa e Brasileira* para 1760 e o dos fogos para 460. Não se vê que faça sentido a frase nela contida que diz que "ao actual topónimo corresponde o lugar de Lousadelo". Quase a terminar repete, sem qualquer comentário, a afirmação de Baptista de Lima que diz que Balasar foi "vila luso-romana, ainda da cividade de Bagunte".

BALASAR E OS LOBOS

Vem aí o lobo!

Em certa fábula de Esopo um pastorzito alarmava os conterrâneos gritando-lhes: "Vem aí o lobo!" Este brado há-de ter sido repetido vezes sem conta na Europa rural de outros tempos e por isso também no norte do Portugal, Balasar incluído[23].

O topónimo balasarense monte de Lobos é muito antigo: ocorre já num documento de 1181. Entre este monte e o rio Este ficava ainda um fojo, lembrado em 1608 na expressão "bouças velhas do Fojo" e hoje no nome da Quinta do Fojo. Na origem deste nome poderá ter estado um fojo lobal. Numa planta do terreno onde havia de ser construída a ponte do Vau, escreveu-se, em 1878, que o acesso ao rio, da parte do norte, se fazia pelo "caminho do lobo".

Em Março de 1836 o administrador do concelho de Vila Nova de Famalicão sugeriu ao colega de Vila do Conde uma

---

[23] Há ao menos um provérbio que fala de lobo – quem não quiser ser lobo não lhe vista a pele. Ora a criação do provérbio supõe um contacto muito variado com as realidades nele usadas como símbolo, isto é, que o lobo fosse um animal muito vulgar mesmo fora das áreas mais serranas.

Também o apelido Lopes se origina de lobo.

Veja-se a referência que António José dos Santos fez ao lobo no documento n.º 5 do Apêndice documental.

montaria ao lobo em Fradelos, Balasar e outras freguesias próximas:

> Ilustríssimo Sr. Administrador do Concelho de Vila do Conde
> Sendo de rigorosa obrigação nossa velar sobre os interesses dos povos, procurando, quanto está ao nosso alcance, o seu bem-estar, pô-los a coberto das calamidades, é debaixo destes princípios que eu convido a V. Senhoria para ordenar ao Comissário de Balasar e outros que confinem com os limites deste Concelho para que aquele Comissário, de combinação com o de Fradelos, formem um plano para fazer uma montaria aos lobos, que tantos danos têm causado aos habitantes daquelas e outras freguesias.
> Convenço-me que V. Senhoria dará as ordens necessárias para se obter o desejado fim convencionando o dito Comissário de Balasar para levar a efeito esta empresa.
> Deus guarde a V. Senhoria.
> Vila Nova de Famalicão, 6 de Março de 1836.
> O Administrador Francisco Jerónimo de Vasconcelos e Castro.

Balasar integrava-se então no concelho de Vila do Conde e os lobos eram na altura uma ameaça real.
Esta montaria não deve ser confundida com outra proposta também pelo mesmo administrador de Vila Nova de Famalicão em 1940.

Iria Gonçalves, num trabalho que intitulou "Espaços silvestres para animais selvagens, no noroeste de Portugal, com as inquirições de 1258"[24], ao falar do lobo, exprime-se assim:

> (...) o lobo europeu que a Idade Média conheceu é uma fera digna de respeito. Ao contrário do pequeno lobo romano, cuja fêmea até se considerou susceptível de tomar conta de crianças abandonadas, aquele com quem a Idade Média teve que defrontar-se era um animal possante, feroz, de movimentos muito ágeis e um enorme fôlego capaz de lhe permitir largas horas de corrida a uma velocidade de quarenta ou cinquenta quilómetros por hora, senhor de um apetite proverbial.
> Trata-se de um animal perigoso e a sua perigosidade aumenta na medida em que raramente parte para uma caçada solitário, mas prefere fazê-lo em grupo, um grupo bem organizado e estruturado à volta de um casal dominante e do qual podem fazer parte mais cinco ou seis adultos. Entre todos reina uma hierarquia bem definida e que não permite atropelos, o que faz com que o grupo, agindo ordenadamente, seja de uma eficácia terrível. Assim, bem escudados uns nos outros, podem atacar com sucesso homens e animais de grande porte. (...)
> O certo é que os efeitos da passagem do lobo eram bem visíveis e aterradores, na medida em que nem o gado grosso escapava aos seus poderosos maxilares. (...)
> Fera nociva por excelência e considerada sem utilidade – a sua carne era tida por coriácea e nauseabun-

---

[24] O trabalho de Iria Gonçalves pode-se consultar em http://ler.letras.up.pt/uploads/ficheiros/4855.pdf.

33

da e a sua pele não era apreciada porque abundavam outras melhores - não havia limites, quando se tratava de lhe fazer guerra.

Para lá das batidas a que acima me referi, um tipo de armadilha ficou largamente documentado: o fojo. É certo que para outros animais também ele se preparava, nomeadamente para os javalis, mas não é em vão que com frequência encontramos, na região em estudo, o substantivo "fojo" associado ao qualificativo "lobal". E nem sequer em alternância com outros. Só o lobo podia ser aqui o primeiro visado.

Não se pode garantir que na origem da Quinta do Fojo estivesse um fojo lobal, isto é, uma armadilha constituída por uma área cercada de paredes de pedra para onde o lobo seria empurrado e, depois de encurralado, abatido. Aparentemente era[25].

Iria Gonçalves no mesmo trabalho também fala da águia:

> A águia é um animal imponente, forte, o mais poderoso que alguma vez cruzou os nossos ares. Foi pontualmente domesticada para uso na caça de altanaria, mas, entre nós, penso não ter tido nunca essa utilização. Talvez, pelo contrário, ela tivesse sido considerada apenas como um animal nocivo. (…)
>
> A sua presença nos céus minhotos fixara-se principalmente sob a forma "Aguiar" (…)

---

[25] Onde houve um fojo lobal foi no monte da Saia ou d'Assaia, entre Chavão e Monte de Fralães, aliás identificado num dos mapas de Iria Gonçalves. Em Macieira de Rates houve um lugar ou campo do fojo. Manuel Ferreira de Araújo alvitra que na origem deveria ter existido um "fojo de lobos".

A sul de Balasar, para nascente, os documentos falam dos Seixos Brancos[26] *de Aguiar.*

Lobos e águias em Balasar evocam um tempo real, mas distante ou muito distante.

Parte superior do portal da Quinta do Fojo.

---

[26] Encontram-se nalguns locais da freguesia blocos de rocha de quartzo brancos: são os seixos brancos.

GRESUFES, LOUSADELO E BALASAR

Os nomes São Salvador de Gresufes e Santa Eulália de Lousadelo ocorrem pela primeira vez no Censual do Bispo D. Pedro, de cerca de 1090. Pode-se alvitrar, como hipótese de trabalho, uma data aproximada para a criação destas paróquias: entre os anos 950 e 1000. Nas redondezas a única igreja paroquial cuja data de construção se conhece, a de Parada, remonta a 953. Como século e meio depois já estavam formadas quase todas as paróquias vizinhas hoje existentes, este alvitre para Gresufes e Lousadelo tem pelo menos algum fundamento.

Não é hoje possível formar qualquer ideia sobre a casa de Gresufes cuja antepassada tenha sido morada de Gresulfo.

37

Gresufes pode significar filho de Gresufo (como Henriques – em D. Afonso Henriques, por exemplo – designa o filho de Henrique). Mas a forma original do nome Gresufo era Gresulfo.

Este nome, que não era vulgar, ocorre na Escritura de Vila do Conde ou "Kartula de Villa Comitis, in Ripa Maris", do ano de 953 (onde se fala também da célebre *Villa Euracini*). No Censual do Bispo D. Pedro[27], escreveu-se *Gresulfi*, aparecendo mais tarde as formas *Grisuffi, Grissoffy, Grissufe,* e *Gressuffe*, sempre sem o *s* final. O Tombo de 1830 ainda escrevia *Gresufe*.

Onde ficaria a antiquíssima igreja paroquial de Santa Eulália de Lousadelo? Qual terá sido a casa sucessora da Vila de Lousadelo? Não temos nenhuma resposta para estas perguntas.

O primitivo nome da paróquia de Balasar, já se disse, foi "Santa Eulália de Lousadelo". É assim que vem no Censual.

---

[27] COSTA, Avelino de Jesus da, *O Bispo D. Pedro e a Organização da Arquidiocese de Braga,* 2.ª ed., Braga, 1997, vol. II, pág. 54.

Lousadelo apontava para uma notável característica geológica do lugar, a da abundância de lousas ou xistos. O sufixo *elo* é diminutivo.

As ocorrências antigas desta palavra são muito escassas: não ocorre nas Inquirições de 1220, ocorre de fugida nas de 1258, na expressão "Paniçais de Lousadelo"[28], e volta a aparecer nas de D. Dinis.

Esta penúltima referência parece indiciar que o lugar foi sede de paróquia apenas por algumas décadas. Com a doação da vila de Lousadelo a Landim, teria sido construída a igreja do Matinho e ter-se-ia mudado o nome da paróquia para Santa Eulália de Belsar. A ser assim, Belsar deveria ser contemporâneo do Conde D. Henrique. Com ele nasceu Balasar.

Nas duas margens do rio Este

A maior parte da área de Balasar fica entre Este e Ave, o resto inclui-se entre Este e Cávado. O facto de se repartir pelas duas margens do rio, aliado a outros factores históricos, fez da freguesia sempre uma terra de fronteira.

Religiosamente, integrou-se muito tempo em Vermoim, que, a norte do Este, acabava em Guardinhos. Depois passou para o Arciprestado de Vila do Conde e Póvoa de Varzim, que termina a nascente da freguesia.

Civilmente, começou por fazer parte do julgado de Faria, que ali acabava, pois Fradelos, por exemplo, já não lhe pertencia; depois integrou-se no grande concelho de Barcelos[29]; passou

---

[28] A palavra Paniçais deve ter origem na palavra latina que significa painço.

[29] A maior parte dos documentos da Casa da Gandra, o tombo da freguesia e os da Comenda, muitos assentos e até as memórias paroquiais vêm do tempo em que Balasar se integrava no concelho de Barcelos.

a seguir para o da Póvoa, não sem durante breve período ser incluída no de V. N. de Famalicão. Hoje, encravada entre terras dos concelhos de Barcelos, Famalicão, Vila do Conde e Póvoa de Varzim, limita o distrito de Porto com o de Braga.

Pelo que escreveu o reitor António da Silva e Sousa nas memórias de 1758, fica claro que esta freguesia era então predominantemente terra do sul do rio: 116 fogos a sul e 38 a norte. Quatro vezes mais a sul que a norte[30].

As quatro igrejas paroquiais que Balasar teve (a de Gresufes, a do Lousadelo, a do Matinho e a actual) ficaram todas a sul; as suas vilas medievais, idem. Do sul, isto é, de entre Este e Ave.

Na segunda metade da segunda linha deste fragmento da "Kartula de Villa Comitis, in Ripa Maris" ou Escritura de Vila do Conde, do ano de 953, ocorre a expressão "et filios de Gresulfo" (e os filhos de Gresulfo). Pode ter sido este Gresulfo que deu o nome a Gresufes (Gresulfo era antropónimo pouco frequente).

Antes de passar para o concelho da Póvoa, Balasar esteve alguns meses no novel concelho de Vila Nova de Famalicão.

[30] Nos 500 anos que medeiam entre o tempo das mais antigas Inquirições e o das Memórias Paroquiais, o número de fogos em Gestrins e Guardes, a norte, quase estacionou.

AS INQUIRIÇÕES

AS INQUIRIÇÕES DE D. AFONSO II (1220) E AS DE D. AFONSO III (1258)

As inquirições visavam constituir um registo dos bens e direitos que o Rei possuía pelo país.

Sobre Balasar conhecemos as de 1220, de 1258, de 1288-1291 e de 1344. Para Gresufes, como não existem as de 1220, há só as breves anotações de 1258, 1288-1291 e 1344.

As de 1220 vêm repartidas em quatro secções: padroados, bens das ordens, reguengos e foros e dádivas.

Vamos traduzir as de 1220 e 1258, que chegaram até nós em latim tabeliónico. A tradução não é fácil dada a frequente terminologia medieval alatinada que aí se encontra, mas é preferível correr o risco de cometer erros a não o fazer uma vez que o leitor comum ficaria sem qualquer acesso à informação que elas contêm.

É por estes documentos que pela primeira vez se obtém uma perspectiva, certamente com muitas lacunas, mas já alargada da freguesia.

1. Inquirições de 1220, Balasar

Juraram a acta das Inquirições de 1220 sobre Balasar, além do abade Pedro Pais, Martinho Pais, Pedro Ribeira, Pedro

Peres, Soeiro Mendes, Pedro Mendes, Pedro Ribeira, D. Estêvão, Domingos[31], Pedro Pequeno e Pedro Enes.

Padroado

El-Rei Rei não é padroeiro.

Bens das ordens

Esta igreja tem senárias. O Hospital, quatro casais. Santa Vaia de Rio Covo, cinco casais. Landim, dois casais e uma granja. A Várzea, um casal. O Templo, meio casal. Manhente, meio casal. A igreja de Alijó[32], uma granja e senárias. S. Pedro de Rates, um casal. S. Simão *(da Junqueira),* meio casal[33].

Foros e dádivas

---

[31] Na inquirição de Laundos aparece a testemunhar um Domingos "de Bazar". Supomos que seja este e que Bazar fosse forma arcaica de Balasar.

[32] Deve tratar-se de Lijó.

[33] Os "bens das ordens" eram muitos. Os do Hospital haviam de ser posteriormente de Malta, da Comenda de Chavão; com os de Rio Covo constituiu-se mais tarde também comenda; a granja de Landim era na Gandra. Os bens do Mosteiro da Várzea, à sua extinção, cremos que passaram para Vilar de Frades. Dos bens do Templo, de Manhente e da Igreja de Lijó, ignoramos que rumo tomaram. Onde ficavam estes bens? Deviam distribuir-se pelo Telo, Lousadelo, Casal e Escariz.

Um documento de São Simão da Junqueira, de 1389, assinala "o meio casal de riba de Este que jaz na freguezia de Santa Ovaia de Balazar da terra de Faria".

44

Quando o senhor da terra vem à terra dão-lhe todos os fregueses doze[34] dinheiros por colheita e o homem que trabalha o campo do porto dá-lhe o seu serviço.

Em *Agistrim* há uma pousa de El-Rei, de rico-homem e de mordomo.

E os cinco jugueiros que moram no reguengo dão cada um uma quarta de maravedi.

E do casal de S. Pedro de Rates dão meio maravedi.

E nada é negado.

Reguengos

El-Rei tem aí cinco casais e dão deles a terça parte do pão, e do monte que arrotearem a quarta parte; e por direituras cinco bragais, e cinco taleigas de trigo pelas fogaças, cinco capões com vinte ovos, cinco espátulas com quatro dinheiros, e num ano davam cabritos e no outro cordeiros, se tiverem ovelhas, e se não tiverem ovelhas darão cabritos, e quatro queijos cada um com uma couna de manteiga, e ao mordomo das eiras cada um um frango e cada um um soldo e de pedida ao mordomo doze dinheiros.

Há uma leira reguenga no *Curral* e dão dela a terça, um capão e dez ovos.

Há um campo do porto reguengo, e dão a terça.

Na Vila do Casal todos os que arrotearem dão a sexta.

Do termo de *Agistrim* tem El-Rei muitos reguengos e passaram-nos para o Couto de Macieira e tem-nos Lourenço Fernandes da Cunha e os filhos de João Lourenço, e El-Rei perde-os.

---

[34] Neste e noutros casos não podemos garantir a correcção da mudança da numeração romana original para a numeração árabe.

Há aí também três casais e pagam o mesmo foro que os cinco casais sobreditos[35].

2. Inquirições de 1258, Balasar

Em 1258 o abade parece continuar o mesmo de 1220 pois também se chama Pedro Pai. Os outros jurados são Martinho Peres, João Peres e Pedro Peres, João Peres de Agistrim de Baixo, Pedro Peres Santarém e Mendo Pais do Casal.
Ao contrário da de 1220, a acta apresenta-se toda seguida, sem secções; aqui dividimo-la em três partes a que demos títulos.

2.1 Foros vários

Paniçais de Lousadelo e *Troitomiro* são reguengos de El-Rei e dão deles, por ano, de cada um um almude de pão pela medida de Rates[36].
Há lá cinco casais desde antigamente e agora há seis reguengos, três dos quais povoados pelo juiz *(de Faria)* Martinho Martins; os outros não estão povoados por causa das malfeitorias dos mordomos. Dos casais povoados fazem este foro: dão a terça parte do pão velho, e de arroteia dão a quarta parte de pão e dão por eirádiga de segunda, por todo o pão, um quarteiro cada um, entre si e o mordomo.
Na festa de S. João Baptista, por fogaças, dão a El-Rei anualmente, cada um, uma taleiga de trigo, pela medida de Rates, entre eles e o mordomo.

---

[35] Estes três casais já poderiam ser a Póvoa de Guardes.

[36] Há propriedades a sul do rio de que aparentemente se não faz qualquer menção mas que em 1220 haviam sido referidas.

E dão a terça do linho e cada um um frango das eiras, e pela festa de S. Miguel, anualmente, cada um
um bragal e um soldo por merendal e cada um um
capão com vinte ovos, e chamam o mordomo para
colher o pão e dão-lhe doze dinheiros de sega.
E pela festa do Natal dá cada um uma espádua de
nove costas, sem pé, e quatro dinheiros, e pela festa
do Carnaval dá cada um um cabrito, e pela festa da
Páscoa dão quatro queijos cada um com uma couna
de manteiga.
E quando El-Rei passar o Douro, dão uma vez no
ano doze dinheiros de colheita e cada um dá uma
quarta de maravedi, por três vezes no ano, e trinta e
quatro dinheiros igualmente, de vida, ao mordomo.
Dos casais despovoados e das leiras todas que El-Rei
aí tem bem divididas e demarcadas dão de pão e de
linho em ração como os casais povoados.
Não fazem outros foros, e perde-os El-Rei por causa
das malfeitorias dos mordomos, o qual dá as ditas
leiras a trabalhar pela sua oferta da única leira que
está no *Currial*.
Dão de pão igualmente e de foro um capão e dez
ovos.
Mas os povoadores da Vila do Casal dão das terras
arroteadas a sexta parte e das cultivadas a terça.

2.2. O reguengo de Agistrim

Em relação ao reguengo de Agistrim (atenção à diversidade
de formas que a palavra apresenta no documento), os inquiridores insistem na questão havida com os homens de Macieira pois certamente iriam ser tomadas medidas para reaver
os bens usurpados.

Depois há o caso de Agistrim de Cima e de Agistrim de Baixo: era no de cima, como já foi dito, que ficava a pousa.

Não há lá reguengo de El-Rei escondido, excepto que *(o abade)* ouviu dizer por muitos homens bons que os cavaleiros de Macieira receberam muito do termo de *Agistrim*, que é reguengo de El-Rei; ouviu muitas vezes assinalar o termo assim: que o termo de *Agistrim* começava na Pedra Negra, que é couto de Rates, e que de lá ia até à lagoa onde houve um carvalho desde antigamente, e daí à *Pedra Curveira*, como vai à fonte de *Gotegia*, depois à mamoa de Godim.

Quando D. Reimão Peres administrava *Agistim* recebeu estas terras por terra de El-Rei e nestes termos e uma peça de devesa contra *Convelhã (Covilhã)*, e recebera isto, como ouviu dizer, pelo termo de *Agistim*.

Ouviu dizer que homens de *Agistim*, quando tinham a sua contenda com os homens da honra de Macieira, faziam com eles acordo no lugar chamado *Pedra Curveira*. E este era o termo de ambas as partes.

Ouviu dizer que foi semeado milho junto à lagoa referida e levaram-no a *Agistrim* em ração de El-Rei, e do lugar chamado *Concieiro*, onde estava a carvalha, levaram dele ração a *Agistrim* (de El-Rei, e isto ouviu-o dizer o mordomo de El-Rei de *Agustim* aos que levaram esta ração), e em todo o termo referido El-Rei não põe o seu pé (nada aí tem).

Quem trabalhar no campo do porto de *Agistrim*, que é de El-Rei, faça ao senhor da terra como seu serviço de pão quatro dinheiros. *Agistrim* de Cima é pousa de El-Rei e de rico-homem e de mordomo e são presseiros.

S. Pedro de Rates tem aí um casal e dão a El-Rei por ano de renda meio maravedi.

Não peitam voz e coima, excepto três.

Coutos, foreiros de El-Rei e honras novas e amas de cavaleiros não existem aí, excepto a Vila do Casal que foi toda honrada por D. Pêro Pais Correia, que lá foi criado, e muitos aí se defendem por ele[37].

2.3. Confirmações

Segue-se a confirmação de algumas declarações anteriores por parte de certos jurados.

Martinho Peres e João Peres e Pedro Peres e João Peres, de Agistrim de Baixo, jurados e interrogados, disseram em tudo e por tudo como Pedro Pais, excepto que aquelas rações daquelas terras não as ouviram dizer ao mordomo, mas também a outras pessoas da terra.

Martinho Peres, jurado e interrogado, disse em tudo e por tudo como Pedro Pais, mas acrescentou que ouviu dizer isso não só ao mordomo mas às pessoas da terra.

Martinho Peres, de Santarém, jurado e interrogado, disse em tudo e por tudo como João Peres.

Pedro Pais disse em tudo e por tudo como Martinho Peres, mas acrescentou que ouviu dizer ao seu pai, que nesse tempo era mordomo da terra, que tinha levado a ração desses casais a *Agistrim* de El-Rei.

Mendo Martins, do Casal, disse como o clérigo Pedro Pais, mas acrescentou também que ouviu dizer

---

[37] Pêro Pais Correia deve ter casado em data próxima de 1200, por isso, em 1258, já devia ter morrido.

ao seu pai, porque ele esteve no acordo com os homens de *Agistrim* e com os homens da honra de Macieira no lugar que se chama *Pedra Curveira*.

3. Inquirições de 1258, Gresufes

João Gonçalves, abade da mesma igreja, jurado e interrogado, disse que El-Rei não é padroeiro nem tem lá reguengo; não há lá herdadores que dêem fossadeira, porque é honra antiga de D. Paio Correia o Velho[38], e nada tem aí El-Rei.

Martinho Piliteiro, João Simões, Martinho Egides, Gonçalo PaisErreur ! Signet non défini. e Paio Peres, jurados e interrogados, disseram em tudo e por tudo como João Gonçalves, abade da mesma igreja.

---

[38] D. Paio *Soares* Correia, já há muito falecido, é aqui designado como o Velho para o distinguir de D. Paio *Peres* Correia, seu neto.

AS INQUIRIÇÕES DE D. DINIS (1288-1291) E AS DE D. AFONSO IV (1343)

1. Inquirições de D. Dinis (1288-1291)

O texto das Inquirições de D. Dinis sobre Balasar e Gresufes é muito breve, mas ainda assim precioso. Deixamo-lo no seu português arcaico[39].

1.1. Sobre Balasar:

> Freeguisia de Sam Ovaya de Belssar: a cassa de Loussadela, que foy de Sueiro Correa[40], feze-a em huum casal de Nandim que gaanhou per emprazamento e per razon dela fazem honrra de toda a vila de Loussadela que non entra hi o mordomo.

Sentença de 1291:

> A cassa este honrada per que he de filho d'algo e enquanto for de filho d'algo e todo o al da vila seja de-

---

[39] Devemos esta cópia das Inquirições de D. Dinis a um genealogista portuense, o que muito lhe agradecemos.

[40] Este Soeiro Correia era neto do Paio Soares Correia, dono de Gresufes. O nome da sua mulher, D. Maria de Fralães, ocorre num outro documento do mesmo rei e de semelhante teor associado a interesses económicos em Escariz.

vasso e entre hi o moordomo del Rey por todolos seus derectos.

Por esta informação ficamos a saber que:
Havia a vila de Lousadelo;
Soeiro *(Peres)* Correia construiu aí a Casa de Lousadelo num casal de Landim;
A casa construída ficava honrada, logo isenta de certos direitos fiscais régios.
Soeiro Peres Correia podia já ter falecido uns vinte anos antes de 1288.
Como a vila era do Mosteiro de Landim, a mudança da Igreja Paroquial para o Matinho pode ter ocorrido aquando da doação da vila àquele mosteiro.
Mais dois fragmentos das Inquirições de D. Dinis com casos de leitura duvidosa ou incompleta. Deve corresponder também a uma sentença:

O casal em que moram sete homens que se defendiam por em censória do Hospital e de Rates lavram e guarecem em reguengo d'El-Rei e Ascaris, que são três casais do Aresteiros, que se defendem *(?)* porque Lourenciano de Ulgeses e dona Maria de Farelães diziam que era seu testamento; estes de suso ditos são demonstrado *(?)* que são conteúdos no Rol.

Esta D. Maria de Fralães é a esposa de Soeiro Peres Correia. Importante também a menção de Escariz.

Na freguesia de Santa *Ovaia de Belsar* achei que no lugar que chamam Casal de Riba d'Este moram oito homens e mulheres e entram-se *(leitura duvidosa)* todos pelo Hospital, que tem aí um casal, e do meio herdamento dos herdadores dá-lhe de sete quinhões um de em censória. E traz aí o Hospital seu vigário; e achei que soía aí entrar o porteiro e por isso eu, Aparício Gonçalves, mando que no herdamento do Hospital entre o porteiro e no dos lavradores entre o mordomo de El-Rei por todos os seus direitos. Defendo da parte de El-Rei que não entre aí outro chegador.

Da inquirição de Macieira de Rates, transcreve-se um fragmento em que os senhores da Honra de Macieira são acusados de a estenderam à Covilhã e Agistrim:

> E disse ainda que o lugar que chamam a *Covilhã*, que é reguengo de El-Rei, estenderam por aí a honra e fizeram aí três casais, que era devasso de El-Rei. Estenderam por aí a honra e por razão desta honra os que aí moram não fazem daí nemigalha a El-Rei nem entra aí o mordomo.
> E disse ainda que os que moram nesta honra fizeram uma bouça contra *Agistrim*, que é reguengo de El-Rei, e estenderam lá honra e tolhem daí a El-Rei o seu direito por razão da honra que assentaram.

1.2. Sobre Gresufes:

> Freeguisia de Sam Salvador de Grissoffy: he provado que os Correiãos trajem toda a freeguisia por honra des que se acordam as testemunhas e d'ouvyda de longo tempo.

Sentença:

> Estê por honra como está.

Os *Correiãos* são os Correias; a freguesia ficava em honra[41].

2. As Inquirições de 1343, Balasar

Os direitos do Rei em 1343 não eram muito diferentes dos registados nas inquirições precedentes; o caso das usurpações praticadas pela Honra de Rates já estava resolvido. Os inquiridores concentram-se agora quase exclusivamente a norte do rio e principalmente no reguengo de *Agistrim*; Lousadelo continua com certeza de Landim[42] e de outros senhorios. Actualizou-se a escrita.

> Pêro Martins, Martim Lourenço, Martim Pires, Pêro Simões, Pêro Joanes, Pêro Domingues, Estêvão Pires, Domingos Martins, João Domingues, jurados aos Evangelhos disseram que há aí seis casais povoados e lavrados.
> E do casal de *Agistrim* dão a El-Rei terço de pão e quarto do que arromper e um sexto de messe e um sexto de milho e uma taleiga de trigo pela medida de Rates e ser do monte de consumo e uma espádua de porco de nove costas e dois dinheiros com ela e um bragal de oito varas e por cabrito e por queijo quatro soldos e meio e um capão, dez ovos, frango e lutuosa e voz e coima e um maravedi, quatro soldos de monta.
> Dois casais, um que mora Martim Domingues e outro que mora Simão Joanes, dão deles a El-Rei cada ano o quarto do fruto da Pedra Negra até à estrada que vai para

---

[41] Repare-se como foram escritas as palavras *Belssar, cassa, Loussadela e Grissoffy*, onde os dois ss correspondem sempre ao som z. Nas Inquirições de 1343, Gresufes escreveu-se *Grissufe*.

[42] O texto desta inquirição está disponível no Boletim Cultural *Póvoa de Varzim*, vol. II, nº 2, 1959, páginas 220-232, sem menção da pessoa responsável pela sua publicação, apenas com o título de *As Inquirições de 1343*. Conferimo-lo pelo original medieval.

Braga; e da arroteia que parte pela casa de Fernando a direito ao casal e de outros herdamentos a terça, e por direituras um sexto de milho e outro de messe e uma taleiga de trigo pela medida de Rates do monte de consumo e uma espádua de porco de nove costas, dois dinheiros com ela e um bragal de oito varas e queijo quatro soldos e meio, capão com dez ovos, lutuosa e coima, cinco soldos de monta.

Fragmento das Inquirições de 1343 sobre Balasar que contém, a partir quase do final da primeira linha, o parágrafo que começa em "dois casais". Na terceira linha ocorre o nome "pedra negra".

Do casal em que mora Martim Domingues devem dar quarta parte do terreno que chamam *Faleiro* e da arroteia que parte com Paio Macieira e pelo monte do *Arroio*. E de todo o resto dão terço, e por direituras um sexto de messe e outro de milho, uma taleiga de trigo pela medida de Rates do monte de consumo e uma espádua de porco de nove costas e um bragal de oito varas e por cabrito e queijo quatro soldos e meio, um capão com dez ovos, um frango, lutuosa, voz e coima e cinco soldos de monta.

Outro casal de *Agistrim*: seis dinheiros de entrada, uma taleiga de trigo, um sexto de messe e outro de milho, uma taleiga de trigo do monte de consumo pela medida de Rates e terço de outro pão e quarto do que arromperem, um capão, dez ovos, um frango, um bragal de sete varas e uma vara de merendal e uma espádua de nove costas, dois dinheiros com ela e um cabrito, dezoito dinheiros de queijo e de manteiga seis soldos, nove dinheiros e sete soldos de monta.

Outro casal de *Agistrim*, ermo, seis dinheiros de pedida, um sexto de messe e outro de milho e uma taleiga de trigo do pão de consumo, uma espádua de nove costas, dois dinheiros com ela e um bragal e duas varas por cabrito e por queijo quatro soldos e meio, um capão, dez ovos, lutuosa, voz e coima como é costume e cinco soldos e um meio maravedi velho de montas. E os herdamentos do dito casal partirem as partes com o casal de Simão Joanes que está aforado por carta, e os herdamentos que forem de terço darem terço, e os que forem de quarto darem quarto e do que romperem darem quarto; e quanto é os herdamentos que jaziam na carta por meter em pregão, que são fora desta casal, fique para mim das divisões deste aforamento.

Outro casal de *Agistrim*, que traz Pêro Domingues e sua mulher e que eles moram como parte pela ponte de *Curucânio*, como se vai ao *Artal Meão* e daí a monte *Faão*, como vai à ponte de *Grades* e daí ao *Codesselho* e como vai pela laje do carvalho como vai ferir no monte do *Arroto*, assim como parte pela leira do casal em que agora mora Pêro Martins, e dão a quarta parte dos frutos que Deus aí der da Pedra Negra até a selada *(estrada?)* que vai para Braga e dos outros herdamentos todos a terça parte, como os dão doutro casal de Simão Joanes, e um quarteiro de pão, o meio milho e o meio messe e uma taleiga de trigo de monte de consumo por medida de Rates, antes que partam, e uma espádua de porco de nove costas e dois dinheiros com ela e um bragal de oito varas, e por cabrito e queijo quatro soldos e meio e um capão, e um frango com dez ovos, e lutuosa, voz e coima e demais um capão com dez ovos, cinco soldos por montas.

Uma *Póvoa de Grades*[43], que são três casais, e estão por carta e dão deles de cada um a sexta parte dos frutos que Deus aí der e um alqueire de trigo por alqueire de Rates e um capão, dez ovos por direituras de cada casal e por lutuosa de cada casal, quando morre a pessoa, um maravedi, e peitar três coimas. Se aí fizerem igreja, ser El-Rei padroeiro e receber mordomo e dar Deus doutro terreno que jaz a par destes reguengos terça do que Deus aí der; e deste herdamento curta *(sic)* um almude de trigo de Rates e dois capões e vinte ovos.

Outra carta em que são emprazadas as quebradas que jazem na Várzea, assim como está contido na dita carta e dão delas como é contido na dita carta; e dão delas a El-Rei sexto e devem dar cada um ano trinta soldos, quatro capões. E Pêro Martins, vigário de El-Rei na terra de Faria, por mandado do almoxarife, disse que este emprazamento, pela guisa que era feito, que não era a serviço de El-Rei, que em parte destas quebradas havia um casal que chamam de Paio Macieira e deixaram-no cair e não o quiseram povoar e levaram a madeira e a pedra. E Lourenço Domingues, filho de Peldrinha, que morou no dito casal, fez entendente que estas quebradas, com outras que andavam fora do dito casal, que faria casal, não fazendo menção que antes fora casal, e filhou-as a sesto. E diz o dito Pêro Martins que se este engano for desfeito que fará fazer nestas quebradas dois casais e darão deles de eirádiga um quarteiro de pão, meio milho e meio messe, e uma taleiga de trigo e oito varas de bragal e espádua e cabrito e

---

[43] Esta Póvoa de *Grades* é já mencionada num documento 1307 do Mosteiro da Junqueira.

capão e dez ovos, e o terço de todos os outros frutos que Deus aí der e tais foros e direitos quais dão os melhores casais que aí há de redor. E mais disse que Lourenço Domingues vendera estas quebradas a tais pessoas desvairadas que não pode El-Rei aí haver o seu direito.

Outra carta por que El-Rei há-de haver cada ano dois maravedis velhos e vinte ovos por ração de dois moinhos que tem emprazados.

Doutro moinho de *Grades* dão a El-Rei três maravedis.

E disseram que não havia aí sonegado.

E a igreja que era do Arcebispo.

E disseram que todos os que moravam na dita freguesia pagavam cada um doze dinheiros.

E do lugar que chamam a *Porta* fizeram serviço a El-Rei.

Diz no registo velho que dão um meio maravedi dum casal de S. Pedro de Rates que há em *Agistrim*.

Disseram que há aí Santa *Ovaya de Rio Covo* três casais, e dão 32 soldos.

Lousadelo, dois casais de *Mondim (com certeza Landim)* e em *Ascariz* outro. E dão destes três casais 12 soldos e cada um uma galinha.

3. As Inquirições de 1343, Gresufes

Freguesia de S. Salvador de *Grissufe*.

João Martins, Pêro Martins, jurados aos Evangelhos, disseram que não havia El-Rei reguengo na dita freguesia.

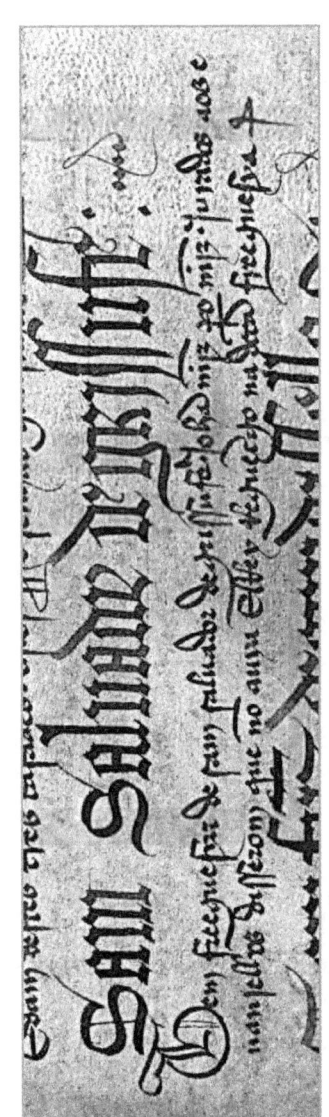

Original da inquirição de 1343 sobre Gresufes.

NO RASTO DAS INQUIRIÇÕES

SENHORIOS MEDIEVAIS

As inquirições, como já foi dito, visavam fazer o registo dos bens e outros direitos do Rei. Em Balasar ele possuía o reguengo de *Agistrim* e mais terras na Covilhã e no Casal, pelo menos.

Viu-se que havia uma família nobre que possuía também muitos bens, principalmente em Gresufes, os Correias de Fralães. Uma segunda família nobre, não mencionada pelos inquiridores, mas também dona de terras na freguesia, eram os Cavaleiros do Outeiro Maior.

Estas duas famílias possuíram as mais antigas e maiores casas nobres em larga redondeza de Balasar[44].

Depois de falarmos do Reguengo de *Agistrim* e da sua Pousa Real, reuniremos alguma informação sobre os Correias e sobre os Cavaleiros.

1. **O reguengo de Agistrim e a Pousa Real de Agistrim de Cima**

O que distinguia o reguengo de Agistrim[45] era a sua dimensão sem dúvida pouco comum nas cercanias.

---

[44] Na área actual do concelho de Vila do Conde, a norte do Ave, a Casa de Cavaleiros no Outeiro Maior era única pela antiguidade e pela vastidão de terras que lhe pagavam foros; na área actual do concelho da Póvoa de Varzim não existiu nenhuma casa nobre e antiga que pudesse ombrear com a dos Cavaleiros ou com a dos Correias; na área actual do concelho de Barcelos, a sul do Cávado, não houve outra como a dos Correias.

No contexto das grandes doações feitas por D. João I a Nun'Álvares Pereira, deixou de ser propriedade régia e passou para a Casa de Bragança.

As inquirições mais antigas dão indirectamente conta duma itinerância real destinada com certeza à administração da justiça. O Rei não se acompanharia de grande séquito, mas a frequência de tais deslocações seria significativa[46]. Para o albergar temporariamente existiam as pousas ou pousadas.

---

[45] Como a Pousa nunca terá chegado a ser de *Gestrins*, pois terá deixado de existir antes de se adoptar esta forma da palavra, optámos por manter aqui a forma mais arcaica do topónimo, *Agistrim*.

[46] Em 1220 ainda faria algum sentido falar destas andanças do Rei, que deviam ser muito antigas, mas, cá pelo norte, já seriam pouco comuns. Nessa data, em Arcos, fala-se de um contributo de *doze dinheiros* a pagar ao Rei quando ele viesse à freguesia, mas em 1258 diz-se que se pagam *doze dinheiros* quando o Rei *passar o Douro*. Isto é, já não se considera a hipótese de ele jornadear por Arcos, mas a de ele vir do sul ao norte...

O Infante D. Henrique, numa carta de 1425 ou 1426, alerta o Monarca para os abusos resultantes da *pousadoria*, que dois, três ou quatro séculos antes não deviam ser menores: "(...) em qualquer lugar ou vila que vos ponhais por azo de *pousadoria*, a gente da terra perdem suas casas e suas roupas e não as querem mais recobrar; e por isto, em todo o lugar os vossos são já igualmente mal aposentados". E fala ainda "do perdimento das bestas dos lavradores, que se requerem muitas quando andais a caminho, por este azo".

Em 1398, D. João I passou uma provisão a favor dos vinte e cinco lavradores do Couto da Junqueira onde a dada altura fez escrever:

"Outrossim mandamos e defendemos que não seja nenhum tão ousado, de qualquer estado e condição que seja, que lhes *pouse* em suas casas de morada, nem adegas, nem cavalariças, nem lhes tomem pão, nem vinho, nem bestas, nem gados, nem roupa, nem palha, nem lenha, nem galinhas, nem outras nenhumas cousas de seu (...)".

Os poderosos instalavam-se nas casas alheias e roubavam quanto lhes aparecia pela frente.

Em Balasar, mais exactamente em "Agistrim de Cima", havia uma. Em freguesias próximas, houve também pousadas em Vilar (Bagunte), em Santa Cristina (Touguinha) [47], além de outras menos importantes em Arcos e Navais.

A chegada do Rei ou dos seus oficiais não devia ser razão para festa dados certos costumes barbarescos dos grandes do tempo.

A pousa de *Agistrim* era "pousa de El-Rei e de Rico-homem e de Mordomo". Rico-homem e o mordomo aqui considerado estavam no topo dos poderosos do país, a seguir ao Rei. Em 1220, declarou-se [48]:

> Em Agistrim há uma pousa de Rei, e de Rico-Homem e de Mordomo.

E em 1258 confirma-se [49]:

> Agistrin de Cima é pousa de El-Rei, de rico-homem e de mordomo e são presseiros.

---

[47] A pousa em Touguinha tinha obrigações para com o Rei e seu séquito acima do comum; em Navais a pousa era de rico-homem (segundo a inquirição de 1220, nesta freguesia também havia algumas obrigações em termos de pousa para com o Rei).

[48] "In Agestrim est pausa Regis et de Ricohomini et de Maiordomo".

O nome Pousanorte dum café-restaurante de Gestrins, segundo nos afirmou o proprietário, nada tem a ver com qualquer memória da antiga pousa que a toponímia local pudesse conservar. Trata-se de coincidência puramente fortuita.

[49] "Agistrin Superior est pausa Domini Regis et de ricohomine et de maiordomo et sunt pressarii".

Com a palavra mordomo designavam-se vários tipos de funcionários. É a associação deste ao Rei e aos ricos homens que nos leva a considerá-lo como de alto estatuto.

Com a pousa deve estar relacionada uma informação também de 1220 sobre jugueiros: "E os cinco jugueiros que moram no reguengo dão cada um de renda uma quarta de maravedi". Semelhantemente acontecerá em 1258 ao dizer-se que, "quando El-Rei passar o Douro, dão uma vez por ano oito dinheiros de colecta, repartidas em três vezes no ano". E também se pagava ao mordomo.

Tosca estátua de um rei conservada em Rates. Há quem pense que representa D. Afonso Henriques e que foi esculpida em seu tempo. A ser assim, podia ter alguma relação com a Pousa de Agistrim.

Como havia seis casais de "Agistrim", "Agistrim de Cima" *(Agistin superior)* devia ficar mais para a encosta da colina em cuja base se desenvolveu o lugar. Os cinco jugueiros poderiam ser os caseiros dos outros casais.

Os jurados da vizinha e extinta freguesia de S. Marinha de Vicente, em 1220, afirmaram que "quando o senhor da terra vem a Agistrim**Erreur ! Signet non défini.** dão-lhe os homens desta vila quatro pães de quatro dinheiros" (tratar-se-ia porventura de Feães ou duma vila que parece ter existido em Balasar, frente ao Matinho, a norte do rio).

A pousa real que existiu no lugar de Vilar, em Bagunte, ficava à margem duma estrada importante, que era caminho de Santiago. Por outro lado, lá houve em tempos recentes uma grande quinta, com uma residência apalaçada e capela. Quem conhece Balasar pergunta: qual era a estrada utilizada pelo Rei que justificava a existência da pousada? Há hoje alguma grande casa que possa ser a herdeira da propriedade onde esta ficava?

A resposta para a estrada não é muito difícil, pois era sem dúvida a que, vindo dos lados de Braga (mas também de Famalicão e Guimarães), passava por Feães e ia depois por Gestrins para Rates, antes de seguir para Vila do Conde. As Inquirições de 1343 falam duma estrada que "vai para Braga". Proximamente, todavia, entroncava na estrada anterior uma outra, que vinha do sul pelo Casal.

Mais difícil é identificar a casa de Gestrins que possa corresponder à antiga pousa.

2. A contenda dos homens de Agistrim com os da Honra de Macieira de Rates

Era esta a delimitação do reguengo de Agistrim segundo as Inquirições de 1258[50]:

---

[50] "Terminus de Agistrin incipiebat in Petra Nigra, quod est cautum de Ratis, et inde exibat ad lagonam ubi stetit carvalium antiquitus, et deinde ad Petram Curveiram, quomodo vadit ad fontem de Gotegia, deinde ad mamonam de Godin".

O termo de Agistrim começava na Pedra Negra, que é couto de Rates, e de lá saía até à lagoa onde houve um carvalho desde antigamente, e daí à Pedra Curveira, como vai à fonte de Gotegia, depois à mamoa de Godim.

Panorama de Gestrins e começo do Telo.

Já se sabe onde ficava a Pedra Negra; a delimitação iria depois em direcção ao rio, excluindo Guardinhos mas incluindo Guardes, até à tal lagoa (o campo ou o lugar dela chamar-se-ia Concieiro); daí seguiria para a Pedra Curveira, onde se juntavam Balasar, Negreiros e Macieira[51]; continuava então até à mamoa, que ficava no limite com Macieira e Rates, para depois ligar de novo à Pedra Negra.

Além de Gestrins e de Guardes, incluía o que hoje se chamam Cubo e Fontainhas. Era uma larga área de terreno fértil.

---

[51] Informaram-nos que em Gestrins também houve um marco da Casa de Bragança.

O Pe. Avelino de Jesus da Costa, nos seus *Estudos de Crono-logia, Diplomática Paleografia e Histórico-Linguísticos* (Por-to, 1992), cita esta informação relativa a Gestrins[52]:

Do termo de Agistrim tinha El-Rei muitos reguengos, mas passaram-nos para o couto de Macieira e tem-nos Lourenço Fernandes da Cunha e os filhos de João Lourenço.

Esta é certamente a razão da contenda que as Inquirições de 1220 já registavam entre os homens do reguengo de Agistrim e os da Honra de Macieira de Rates, pois "aqueles cavaleiros de Macieira receberam muito do termo de Agistrim"[53].

De facto, nos Reguengos, acusa-se Lourenço Fernandes da Cunha[54] de ter lesado os interesses do Rei em Agistrim:

---

[52] "De termino de Agestrim habebat dominus rex multos regalengos et mitterunt illos in cauto de Mazaeira, et habet illos Leurencius Fernandiz de Cuia et filii de Johanne Laurencii".

O livro do Pe. Avelino de Jesus Costa**Erreur ! Signet non défini.** pode ler-se no *site* do Instituto Camões nesta localização:

http://www.instituto-camoes.pt/cvc/hlp/biblioteca/estudos_de_cronologia.pdf.

[53] Lourenço Fernandes da Cunha "deve ter falecido entre Outubro de 1225 e Outubro de 1228" (Pe. Avelino de Jesus da Costa). Em Macieira de Rates, em 1258, não se fala de honra, mas de couto, a que se liga o nome dum filho de Lourenço Fernandes da Cunha. Documentos posteri-ores, contudo, mencionam a honra.

Lourenço Fernandes da Cunha acompanhou o infante D. Sancho, em 1176, na incursão à Andaluzia e ao ataque a Sevilha, cujo bairro de Triana (a norte do Guadalquivir) foi então pilhado, proporcionando saque muito rico. Também o sogro de D. Reimão Peres, D. Paio Soares Correia, terá acompanhado o futuro D. Sancho I nesta acção bélica.

[54] Estes Cunhas, que em muitas freguesias são acusados de usurpar pro-priedade régia, eram de Cunha, junto a Braga, mas foi um deles que

Do termo de Agistrim tinha El-Rei muitos reguengos, e tem-nos Lourenço Fernandes da Cunha e os filhos de João Lourenço, e El-Rei perde-os.

Esta citação corresponde muito de perto à do Pe. Avelino de Jesus Costa.

A administração de D. Reimão Peres[55] em Agistrim poderia relacionar-se com esta contenda.

A inquirição de Santo Adrião de 1343 volta ao tema da rapina dos homens da Honra de Macieira. Não esclarece muito pois só fala da subtracção de uma bouça em Agistrim. Mas acrescenta que aqueles Cunhas se apoderaram da Covilhã, onde até criaram três casais. Uma vez a Covilhã parece até estar integrada naquela freguesia.

Mas há uma notícia mais antiga sobre este lugar: vem num documento de Afonso Henriques, de 1128[56], e não é de modo nenhum para desprezar: naquela data doou "Maceeira con sua creaçon per qual maneira ha ouve Soeiro Gonçalviiz en tenpos delrei don Fernando pelo termho de San Pedro de Rates e des hi per *Agistrin* e per Santadraã". Em português de hoje, isto dá: Macieira, com a sua criação, pela maneira que a teve Soeiro Gonçalves em tempos de El-Rei D. Fer-

---

criou Cunha-a-Nova (hoje simplesmente Cunha) em Parada, Vila do Conde. Tinham qualquer relação familiar com os Cavaleiros.

[55] "Quando Dominus Raymundus Petri tenebat Agistin pro terra Domini Regis".

No latim das Inquirições, Reimão Peres é apelidado Raimundo; também José Mattoso lhe chama Raimundo. Nós preferimos a forma que vem nos Livros de Linhagens, que é Reimão.

[56] COSTA, Avelino de Jesus da – *O Bispo D. Pedro e a Organização da Arquidiocese de Braga*, 2.ª ed., Braga, 1997, II vol., páginas 26-27, nota 49.

70

nando[57] pelo termo de São Pedro de Rates e daí por Agistrim e por Santo Adrião [de Macieira].
A propriedade régia de Agistrim era duma importância pouco comum[58].

3. Gresufes e D. Paio Soares Correia

Gresufes parece o parente pobre das inquirições: é ignorada
em 1220 e tem direito apenas a breves frases nas outras da-
tas. Que razões houve para isso?

**Fragmento duma página do *Nobiliário do Conde D. Pedro*, em escri-
ta do século XVIII, onde se fala de Gontinha Godins e de seu marido, Paio Soares Correia o Velho, e das duas filhas deles. Reimão
Peres ocorre aí como Reimão Pais.**

---

[57] Fernando I, Rei de Leão (1016-27 de Dezembro de 1065), conquista-
dor de Viseu e de Coimbra.

[58] Em 1907 havia no Telo um Souto da Casa de Bragança.

Em 1258, explica-se que a freguesia "é honra antiga de D. Paio Correia o Velho". Isto é confirmado nas Inquirições de D. Dinis: "he provado que os Correiãos trajem toda a freeguisia por honra des que se acordam as testemunhas e d'ouvyda de longo tempo". E em 1343 "João Martins, Pêro Martins, jurados aos Evangelhos, disseram que não havia El-Rei reguengo na dita freguesia".

Sendo assim, os funcionários do Rei não entravam lá e daí os inquiridores não terem nada ou quase nada a dizer.

O facto de uma freguesia ser ignorada pelos inquiridores em 1220 é caso muito raro, mas passou-se igualmente com Monte de Fralães (então dizia-se São Pedro do Monte) onde o mencionado D. Paio Correia o Velho teve o seu paço.

D. Paio Correia o Velho é o segundo Correia com este apelido: terá sido com o seu pai que ele veio à família. Devia ser mais velho que o rei D. Sancho I e terá morrido um pouco depois dele. Nas genealogias é conhecido como D. Paio Soares Correia.

D. Paio Soares Correia pode ter tido alguma ligação familiar quer ao Gresulfo que esteve na origem da paróquia de Gresufes quer mesmo a Belsar. A possibilidade relativamente a Gresulfo é maior, mas não é de excluir em relação a Belsar. Os bens que os Correias possuíram quer em Gresufes quer Balasar deviam estar na posse deles ou de mulheres que casaram com seus antepassados[59] desde bastante antes do ano 1000 (e o mesmo vale para os Cavaleiros do Outeiro Maior).

Os bens que os mosteiros da Várzea e Rio Covo tiveram em Balasar (e talvez ainda os de Manhente e os da igreja de Lijó) devem ter resultado de doações de antepassados de D.

---

[59] Não há nada documentado sobre esses antepassados.

Paio Soares Correia. Sabe-se que ele fez uma doação ao Mosteiro da Várzea.

De modo directo, não conhecemos que D. Paio Soares Correia seja mencionado nas Inquirições de 1220. Nesse ano já não vivia e sucedera-lhe na sua casa o filho Pêro Pais Correia. É assim original que o seu nome ocorra várias vezes nas de 1258, uns 40 anos após a morte.

Este senhor de Fralães casou duas vezes, a primeira com D. Gontinha Godins e a segunda com D. Maria Gomes. Do primeiro casamento tiveram D. Sancha e D. Ouroana e do segundo D. Maria Pais de Feães e D. Pêro Pais Correia.

Como qualquer outra freguesia, Balasar ao longo de séculos pagou foros a diversos senhorios. Houve alguns mais além dos aqui indicados.

Em 1258, de São Veríssimo (posteriormente integrada em Cavalões), afirma-se que "toda esta paróquia é honra do ilustre rei D. Afonso Henriques ou honra de *D. Paio Correia*", e em Cova haviam-se criado a sua filha do segundo casamento e uma neta, filha de D. Ouroana e Pêro Gravel, Sancha Peres Gravel.

S. Vicente, anexada a Gondifelos, "é honra antiga dos Correias desde antigamente" e foi aí criada D. Sancha. Ocorre lá o nome do seu marido, Reimão Peres, e referem-se filhos. Também lá viveu D. Maria Pais de Feães; o texto menciona os seus filhos, os cavaleiros Rui Vasques Quaresma e Martinho Vasques.

Pêro Pais Correria, filho de D. Paio Soares Correia, protagonizou o amádigo na Vila do Casal. O nome de Soeiro Correia, seu neto, ocorre com ligação a Lousadelo.

4. Outros Correias de Fralães

Quem tornou os Correias verdadeiramente notáveis foram D. Pêro Pais Correia, ao casar com uma jovem muito abastada, e um seu filho de nome D. Paio Peres Correia (Peres significa "filho de Pêro", portanto – Paio, filho de Pêro Correia). Sobre ele se falará a seguir.

O *Nobiliário do Conde D. Pedro* também assinala em Feães vários Correias. Por exemplo, as duas senhoras já mencionadas, ambas filhas de Paio Soares Correia o Velho: Sancha Pais Correia e Maria Pais de Feães.

Sancha Pais Correia casou com Reimão Peres de Riba-Vizela e Maria Pais de Feães com Vasco Martins Mogudo de Sendim.

Ora a inquirição de S. Marinha de Vicente, já se disse, fala de Reimão Peres[60] e dos filhos de Maria Pais de Feães, os cavaleiros Rui Vasques Quaresma e Martins Vasques, seu irmão.

Aparentemente, em Feães, ficaria uma segunda casa dos Correias[61].

Fragmento doutra página do *Nobiliário do Conde D. Pedro*, impressa, onde se referem Paio Soares Correia o Velho, o seu filho Pêro Pais Correia e a sua filha D. Maria de Feães, bem como os dois cavaleiros dela descendentes.

5. D. Paio Peres Correia

D. Paio Peres Correia, o mais famoso filho de D. Pêro Pais Correia, pode não ter vindo a Feães nem a Balasar (mas também pode ter vindo), todavia a história destas localidades seria diferente sem ele pois deixou marcas na de toda a Península Ibérica do seu tempo.

Foi cavaleiro da Ordem Militar de Santiago e é assinalado pela primeira vez cerca de 1230, em Alcácer do Sal. Em breve lhe dão um

De dona Maria Gomcs da Sillua madre de Pero Paaez Correa

E depois que morreo este dom Pero Paaez Correa o velho suso dito casou esta dona Maria Gomez da Sillua que já disséemos com Affonsso Rodriguez Remdamor naturall de Reesemde, e ouuerom semel. E dona Maria Paaez de Feães irmãa do sobredito Pero Paaez Correa e filha de Paay Soarez Correa o velho e de dona Maria Gomez foi casada com Vaasco Martiins Mogudo de Semdim dásque lhe morreo a primeira molher dona Eluira Vaasquez, e fez em ella Ruy Vaasquez Coreesma e Martim Vaasquez Geruas que ouuerom semel como o liuro comta.

---

[60] Reimão Peres é o que administrou Agistrim.

[61] Quer o *Nobiliário* quer as Inquirições conhecem em S. Marinha de Vicente, ao lado de Feães, um outro lugar chamado *Oufeães*.

posto de comando e começa então a empurrar os Mouros para sul. Avançando pelo Guadiana, toma Mértola e segue até Ayamonte, separando-lhes as forças em dois campos. A seguir, em 1242, em Mérida, ascende a grão-mestre da sua Ordem, o que o vai pôr ao lado do príncipe de Castela, o futuro Afonso X, e do rei Fernando III.

Num intervalo da guerra que conduzia na Serra de Segura, em Mula, etc., veio D. Paio Peres Correia tomar o Algarve. Depois regressou a Castela. Um dos momentos altos da sua vida aconteceu por alturas da conquista de Sevilha, em 1249, onde teve um papel determinante.

Paio Peres Correia num medalhão em Salamanca. A figuração do sol ao lado da cabeça aponta para uma lenda imortalizada em *El Sol Parado* de Lope de Vega.

A literatura e a lenda apoderaram-se da sua figura. Camões dedicou-lhe estrofe e meia n'*Os Lusíadas*, Almeida Garrett baseou a *D. Branca* na narrativa que conta a sua conquista do Algarve. Mas também na Espanha um autor como Lope de Veja escreveu sobre ele *El Sol Parado*. E é possível encontrar o seu nome noutras obras literárias.

Recentemente foi identificada no Cancioneiro da Biblioteca Nacional uma cantiga satírica, talvez de 1241, onde, por inveja, se diz mal dele. O espanhol Manuel López Fernández escreveu-lhe volumosa biografia sob o título de *Pelay Pérez Correa. Historia y leyenda de un maestre santiaguista.*

6. Os Cavaleiros do Outeiro Maior

As inquirições não assinalam os Cavaleiros do Outeiro Maior em Balasar, mas isso não significa que não possuíssem aí propriedades. Sabemos que as possuíam porque continuavam a possuí-las séculos mais tarde. O primeiro indício vem do século XVI, mas tudo fica muito mais claro no rol da décima de 1762[62], existente no respectivo livro no Arquivo Municipal de Barcelos; este rol, se não localiza as propriedades desta família, dá-nos pelo menos alguma ideia da sua extensão.

Ruínas do Paço de Cavaleiros no Outeiro Maior. Não é possível escrever a história de muitas freguesias de Vila do Conde e da Póvoa sem uma referência a esta casa.

---

[62] Existem no Arquivo Municipal de Barcelos róis da recolha da décima quase até ao Liberalismo. Recorde-se a nota 15.

A décima incidia sobre o rendimento que as pessoas eram capazes de gerar, mas também sobre os foros que pagavam. Onze lavradores balasarenses pagavam então foros a Cavaleiros, 206 rasas de pão e 2 de trigo: seis vezes mais que os que eram pagos à Casa de Bragança, 33 rasas de pão.

Numa acta camarária de 28 de Outubro de 1874, João Alves da Costa Reis pede autorização "para tapar um souto sito no lugar de Lousadelo, que é pertença do seu prazo de Cavaleiros"[63].

Os Cavaleiros do Outeiro Maior foram conhecidos sucessivamente como "do Casal" (de Cavaleiros), mais adiante como os Ferreiras e depois como os Ferreiras d'Eça. Chamava-se-lhes também simplesmente Cavaleiros. No século XIX houve três Condes de Cavaleiros.

Chegaram a ser muito ricos[64]. No Museu de Soares dos Reis existe um lintel do século XV ido do Paço de Cavaleiros. Várias gerações destes fidalgos foram sepultadas no Mosteiro da Junqueira, mas a construção da nova igreja do mosteiro em finais do século XVII apagou qualquer indício dos seus túmulos; nos séculos XVI e XVII, três gerações sucessivas sepultaram-se no Convento de S. Francisco em Vila do Conde. Por esta altura, a família mudou a residência para a Casa do Arco, em Guimarães, e mais tarde para outras paragens.

Nunca houve na família figuras de dimensão nacional nem muito menos da envergadura de D. Paio Peres Correia.

---

[63] Havendo no cartulário do Mosteiro de S. Simão da Junqueira tantos documentos relativos aos Cavaleiros do Outeiro Maior e a propriedades suas, nenhum assinala bens desta família em Balasar.

[64] Conta-se que arrecadavam de renda anual um carro de milho por cada dia do ano mais doze para os ratos.

7. Bens do Mosteiro de S. Simão da Junqueira em Balasar

A Torre do Tombo colocou em linha centenas de documentos do cartulário do Mosteiro de São Simão da Junqueira em cópia do século XVIII de uma escrita bem legível. Balasar tem neles um lugar que se pode dizer residual; basta compará-lo com o de freguesias como S. Simão da Junqueira, Arcos, Outeiro Maior, Rio Mau, mesmo Bagunte, etc. [65]

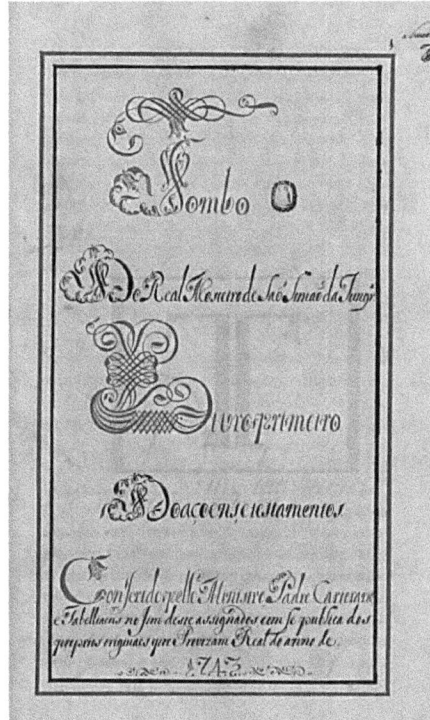

Página de rosto do Livro Primeiro do Tombo do Real Mosteiro de São Simão da Junqueira.

O mais antigo desses documentos é a carta de couto de 1181; os novos limites dele eram estes:

(...) pela confluência do Este e depois pelo

---

[65] A documentação do Mosteiro de Landim, essa deveria conter mais informação sobre Balasar, mas não a conhecemos com excepção do que se conserva na casa da Gandra.

Sobre os bens balasarenses de instituições como a Ordem de Malta ou o Mosteiro de S. Bento da Vitória, muito pouco sabemos.

rio Ave acima até ao rio da Povoação e daí até ao *cimo do monte de Lobos, depois até ao porto da Fontainha* e depois pelo rio Este até ao Ave[66].

Estes limites do couto a nascente correspondem, em parte ao menos, aos limites da freguesia de Balasar a poente.

Dois documentos do Mosteiro da Junqueira, respectivamente de Novembro de 1215 e de Agosto de 1270, falam dum moinho medieval em Guardinhos que localizam por referência à Fontainha.

Em relação ao documento de 1215, quase só por adivinha é que se consegue acertar com a efectiva localização do moinho, pois ele ficava em *Gargias*, onde chamam *Fontaíno*. *Gargias* corresponde sem dúvida à *Guardias* do Censual. Mas no de 1270 "os moinhos, que se chamam de *Fontaíno*", ficam em *Gardas*, palavra que já está bem mais de Guardes.

Em 1215, Afonso, prior de S. Simão, faz contrato de concessão do moinho a João Martins e sua esposa, D. Maria *(tratar-se-á de gente algo nobre)*, extensivo a seus filhos e netos; em 1270, talvez a mesma D. Maria, já viúva, com um genro e uma filha, emprazam o moinho a Pedro Miguéis e esposa. Este segundo documento foi lavrado pelo tabelião de Rates.

Vejam-se as duas primeiras frases destes documentos em tradução nossa:

> Em nome de Deus, amém.
> É este o acordo de firmeza perpétua que eu, prior D. Afonso, de S. Simão, com o meu convento, fazemos a ti, João Martins, e tua esposa, D. Maria, e aos vos-

---

[66] "... per ipsam focem de Appopulatione et inde usque ad verticem montis de Lupis et inde usque ad ipsum portum de Fontaina et inde per ipsum rivulum Alister usque ad flumen Ave".

sos filhos e netos, a saber, dos nossos moinhos que possuímos em *Gargias*, onde chamam *Fontaíno*, e estão fixos na margem do Este.

E agora também as frases iniciais de 1270:

Em nome de Deus, amém.
Sabido seja a todos que este acordo virem e ouvirem que eu, D. Maria, juntamente com o meu genro, Pedro Peres, e com a sua esposa, Maria Amada, minha filha, vos damos e emprazamos a vós, João Miguéis, e vossa esposa, Maria Anes, e a vós, João Peres, e vossa esposa, Maria Mateus, e a vós, Domingos Peres do Outeiro, e à vossa esposa, Durance Peres, toda a nossa metade que possuímos nos moinhos de *Fontaíno*, em *Gardas*[67].

Um documento de 1299 fala do "quinhão do terço de Fontainho, o que trazia Paio Pais e D. Mor".
Outro, de 1310, menciona "uma bouça que o nosso mosteiro há a par da foz de Fontaío *(com certeza, Fontainho)*, a qual bouça é chamada Bouça Alegre, por seus termos, como se vai ao monte pelas Cabanas, daí vai-se por sob a Portela de Fontaío".
Parecem chamar Fontainho ao ribeiro que vem de Macieira e que lá creio que chamam rio Codade[68].

---

[67] O nome João Peres encontra-se nas Inquirições.
Estes documentos estão também publicados no livro de Sérgio Lira, *O Mosteiro da Junqueira – II (Colecção documental)*, colecção História Local, Vila do Conde, 2002.
Parece que houve tempo em que Guardinhos era mais representativo que Guardes; a situação ter-se-á depois alterado.

[68] Há documentos recentes que chamam a este ribeiro rio do Cubo.

Em 1328, numa sessão de tribunal em Rates, serviu de testemunha Lourenço Domingues, de "Gestrim".

Em 1338, uma escritura é feita "a par da Pedra do Couto de Rates, de sobre-Guardes do termo de Faria" (documento já citado na página 18).

Um outro documento do mosteiro, de 1389, menciona "o meio casal de riba de Este que jaz na freguesia de Santa *Ovaia* de Balasar, da terra de Faria", o que confirma o que vem nas inquirições, as quais também só atribuem a S. Simão meio casal na freguesia.

8. Um escambo ou permuta

Em 1497, o abade de Rates e o Mosteiro da Junqueira fizeram um escambo ou permuta de bens. O mosteiro cedia uns casais em Amorim e recebia em troca um em Moldes, Arcos. Depois porém de feita a escritura, os monges da Junqueira verificaram que saíam muito lesados da transacção. Então o abade de Rates acrescentou aos bens doados umas "herdades *incensoriadas*, que ora traz Gonçalo, de Riba d'Este, da freguesia de Balasar *(*Balssarom *no original)*, e o Casal das Figueiras, com suas herdades e pertenças, que traz Lourenço, de Covilhã".

O mosteiro da Junqueira passou a possuir na freguesia casal e meio.

9. Mudanças nos titulares da propriedade

Com a criação da Casa de Bragança, os terrenos reguengos de Balasar passaram para a nova instituição. Não devem ter resultado daí grandes incómodos para os rendeiros das terras.

Coisa semelhante se passou quando, no século XVI, foi criada a Comenda de Balasar com as propriedades da paróquia.

Antes disso, já tinha havido outras transferências, as resultantes das doações a casas religiosas, como Rates, Landim, S. Simão da Junqueira, Ordem de Malta, etc.

A décima de 1762 mostra que havia na freguesia alguns pequenos senhorios nobres recentes: as casas do Vinhal e de Fervença, por exemplo.

MAIS TEMAS MEDIEVAIS

1. Estradas, pontes e portos

Há uma frase latina que afirma que o conhecimento dos caminhos fornece muita luz à história[69]. Realmente uma reflexão sobre as estradas, portos e pontes é da maior importância para conhecer o passado de Balasar.

Comecemos pelos *portos*, que deviam ser simples vaus.

Para a freguesia, em tempos antigos, um problema crucial era a travessia do rio. No Verão, ela poder-se-ia fazer com alguma ou até muita facilidade em vários lugares, mas ficava a questão do tempo invernoso, numa terra onde as cheias alagam campos e onde até se conheciam lagoas.

Como é que os moradores a norte do rio podiam cumprir, por exemplo, o preceito dominical, tendo de atravessar o Este[70]?

---

[69] "Itinerum cognitio multum lucis historiae".

[70] Quando, em 1831, a ponte de D. Benta sofria grave ruína, um visitador ordenou que a Câmara de Barcelos fosse informada do estado em que ela se encontrava e nota esta limitação em que ficam os moradores a norte do Este: "no tempo do Inverno", "não podem vir à igreja nem também serem assistidos e sacramentados nas suas doenças".

Mas também era preciso movimentar os produtos agrícolas quer para os comercializar, se fosse o caso, quer para os levar a casa dos senhorios a quem eram devidos, o que implicava atravessar o rio com cargas puxadas por bovinos.

A travessia do rio tinha de se fazer a vau, quando isso fosse possível. E parece que era a esses locais de travessia que se chamava *portos*[71].

Neles passariam pessoas, mas também animais e carroças (que não deviam poder passar nalgumas das pontes que houve mais tarde).

O porto que tem uma referência mais antiga é o que ficava nas proximidades da actual ponte do Vau. Um documento de 1181 chama-lhe porto da Fontainha[72].

Um segundo porto vem mencionado nas Inquirições de 1220 e de 1258, era o *porto de Agistrim*[73]. Parece que devia ser o porto do Casal ou do Telo, mas não. Provavelmente ficaria onde hoje está a ponte da Traquinada ou próximo.

O terceiro não vem nos documentos em latim, mas nos tombos; era o vau do *Porto das Bouças* ou de Escariz. Como ficava perto do Matinho, devia dar acesso à igreja para quem morava a norte.

Em 1608, o Tombo da Comenda, ao delimitar a freguesia, ainda menciona o porto por alturas de Escariz:

> Do dito cume do monte do Xisto, vai [...]; e daí continua ao longo do valo da Seara de Manuel Francisco Malta, de Balasar, até dar num marco antigo que está

---

[71] Há contextos onde a palavra porto significa apenas local de passagem. No Outeiro Maior, um documento de S. Simão da Junqueira de 1332 menciona o porto dos Assuceiros. Devia ficar na linha de água que corria da fonte de Cavaleiros.

[72] A forma plural Fontainhas era desconhecida em Balasar até à criação da estação do caminho-de-ferro com tal nome.

[73] "Quicumque laboraverit in campo de portu de Agistrin, qui est Domini Regis, faciat domino terrae suum servicium panis" (Quem trabalhar no campo do *porto de Agistrim*, que é de El-Rei, faça ao senhor da terra o seu serviço de pão).

na entrada da Azinhaga dos Feães; e daí corre direito ao rio Este e desce pela veia de água ao *vau do porto da Lousa* e daí ao topete de Montilhão, partindo sempre com a freguesia de Gondifelos.

Escreveu-se aqui *da Lousa*, mas deve ser *das Bouças*, como vem no tombo paroquial de 1542 e no tombo de Gondifelos de finais do século XVIII.

"Vau do porto" significará que então se chamava vau ao que noutros tempos se tinha chamado porto.

Onde antes, em Balasar, se falava de portos, em 1343 assinalam-se pontes, o que implica um grande melhoramento: a *ponte de Curucânio* e a *ponte de Grades*. A ponte do Curucânio poderá ser a antepassada da da Traquinada[74], a de Grades (Guardes) ficaria próxima da actual do Vau.

Em 1758, identificam-se duas pontes de pau: no lugar da Igreja, a que viria a ser de D. Benta, e no Casal, a da Traquinada.

A *estrada* principal que passava em Balasar era a que vinha de Vila do Conde, por Rates, e seguia por Feães para Vila Nova de Famalicão e outros destinos. À margem dela ficavam Gestrins com a sua pousa e o Telo. Chamava-se estrada mas devia ser um caminho muito fraco, intransitável em parte do ano. O que devia era supor ou ponte ou outro modo de atravessar o rio em Gondifelos e quem por ela se aventurava sabia que tinha continuidade. De Gestrins para Rates, a travessia do ribeiro, ao menos em tempos longínquos, não devia ser feita no Cubo, mas mais a norte, próximo de Modeste.

---

[74] Há um registo de baptismo de 1669 que menciona um balasarense a quem chamavam o Traquinada. No princípio do século XX, este passadiço era em madeira.

Os importantes lugares do Casal, do Lousadelo e do Matinho ficavam junto a outra via, a que vinha de Arcos e seguia para Vila Pouca e Além.

Os acessos da área da antiga Gresufes são uma questão à parte: parece que havia um eixo viário principal que ligava a Gandra a Vila Pouca e a Feães, com saída para Barcelos e V. N. de Famalicão, e o que vinha de Vila Pouca para o Casal.

As duas vilas de Gresufes, ali nas proximidades do Castro de Penices e da residência de Correias, em Feães[75], definem um espaço que foi activo em tempos muito recuados.

O nicho do Senhor dos Aflitos é uma obra pia, mas assinala também um cruzamento historicamente relevante.

2. A medida de Rates

Hoje em dia, as pessoas dispõem de medidas muito exactas e gerais, sejam elas de comprimento, de peso, de volume, para líquidos, etc., baseadas no sistema métrico, mas não era assim em tempos recuados. Em terras não muito distantes de Balasar assinalam-se, por exemplo, a medida de Rates, a medida de Barcelos, a medida de Guimarães. Procurava-se com elas defender quem pagava rendas e quem as recebia, quem fazia compras.

Nas inquirições sobre Balasar, fala-se repetidamente da medida de Rates: almude de trigo de Rates, alqueire de trigo de Rates, taleiga de trigo pela medida de Rates, almude de pão pela medida de Rates[76].

Rates também foi importante para a sua vizinhança pelo seu mosteiro e pelo seu tabelião.

---

[75] Desconhecemos onde ficava em concreto essa residência, mas o Tombo de 1542 fala da Quintã de Feães; devia ser aí.

[76] Quem guardaria estas medidas? Seria o mosteiro?

O Conde D. Henrique e D. Teresa Rates doaram Rates a um mosteiro francês. Isso tornou-o num foco de modernização da pregação e da liturgia, mas também em termos arquitectónicos. Durante muitos anos, este mosteiro, o mais antigo das proximidades, deve ter impressionado as pessoas. A nova igreja paroquial do Matinho era de três naves como a dele, que devia causar grande admiração pela relativa riqueza arquitectónica e escultória em particular. Na altura da anexação de Gresufes, o abade de Balasar era "raçoeiro" de Rates.

Cordeiro Pascal na Igreja de Rates. A abundância escultórica deste templo devia ser motivo de grande admiração.

No tabelião, faziam-se documentos oficiais, válidos, e isso foi de grande utilidade para muita gente, como se verifica pelo cartulário do Mosteiro de S. Simão.

Convém também relembrar que havia balasarenses que pagavam rendas a Rates. Aliás a ligação de Balasar a Rates (que não era de vizinhança imediata) vinha de longe e devia ser diversificada.

Rates há-de ter sido também medida no sentido de modelo.

3. Álvaro Vasques, pároco medieval de Gresufes

Só se conheciam os nomes de dois abades da antiga paróquia de Gresufes, o das Inquirições de 1258 e aquele a cuja morte a paróquia foi anexada a Balasar; graças a um documento do Mosteiro de S. Simão da Junqueira, acrescentou-se um terceiro à pequena lista. Chamava-se Álvaro Vasques.

Em 1397, teve de entregar ao mosteiro um moinho que possuíra como seu e que ficava já na freguesia da Junqueira, no rio Este. Não perdeu tudo, pois a direcção do cenóbio ainda o compensou por gastos que ele lá tinha feito.

4. João Fernandes, um pároco analfabeto

O fragmento de carta que se vai citar não é documento que possa orgulhar alguém, mas transcreve-se do Boletim Cultural *Póvoa de Varzim* onde o publicou o Pe. Franquelim Neiva Soares[77]. Haveria razões que nos escapam para a estranha opção de Braga entregar a paróquia de Balasar a um sacerdote analfabeto (que podia sempre possuir um colaborador a

---

[77]Franquelim Neiva Soares, *Subsídios para a História de Santa Eulália de Balasar*, vol. XV, n.º 2, 1976, página 233, *in* Boletim Cultural *Póvoa de Varzim*.

Nas Lendas de Santa Maria fala-se de um sacerdote que só sabia as leituras duma missa de Nossa Senhora e que por isso celebrava sempre em honra da Mãe de Deus.

tempo inteiro que o substituísse). O Pe. João Fernandes renunciou à sua função de pároco quatro anos adiante.

> A todos os paroquianos, governadores, caseiros e fregueses da igreja paroquial de Santa *Ouvaya de Belesar*, da terra de Vermoim de Jusão, do dito arcebispado, e a outras quaisquer pessoas que à dita igreja em algumas coisas sejam teúdas, saúde em Jesus Cristo. Sabei que sendo vaga a dita Igreja de Santa *Ouvaya de Belesar* por morte de João da Fonte, que dela foi prestumeiro abade e reitor, eu, por poder da dita comissão a apresentação do Senhor Arcebispo e da dita sua Igreja de Braga, confirmei e instituí em abade seu reitor da dita Igreja de Santa *Ouvaya de Belesar* João Fernandes, clérigo de missa do dito arcebispado, e o investi da dita igreja com todos os seus direitos e pertenças que a ela pertencem por meu barrete que lhe pus em sua cabeça, cometendo-lhe a cura e o regimento dela no espiritual e temporal, dispensando primeiramente com o dito João Fernandes que, não embargante a constituição do Senhor Arcebispo e da dita Igreja de Braga qual se contém que *nenhum seja recebido a igrejas paroquiais ou capelas senão aquele que souber ler e cantar e entender ao menos quanto ao pé da letra para ele poder ter e receber licitamente a dita igreja ou capela*, não embargante a dita constituição, como dito é (…)

Franquelim Neiva Soares comenta nestes termos o facto de o analfabeto João Fernandes haver sido ordenado sacerdote: "Não pode haver dúvida de que estamos perante o mais manifesto e flagrante índice de falta de escrúpulos na ordenação. Como foi possível que um analfabeto chegasse às ordens sacras?" (página 224).

5. Guerras e pestilências

Um documento do Mosteiro de S. Simão da Junqueira, de 1389, fala de "guerras que foram neste reino nestes anos e tempos passados" e em "pestilências que se recresceram e mínguas de gentes".

Estas guerras e pestilências lembram quer a terrível peste negra (1348) quer o período revolucionário de 1383-1385[78].

A peste negra pode ter dizimado metade da população deixando desertos lugares inteiros, casas e casas ao abandono, terras que ninguém cultivava. Algo de apocalíptico.

Em documentos posteriores mencionam-se com alguma insistência "pardieiros", casas abandonadas e em degradação.

Em 1630 assinalou-se em Guardes uma mortandade memorável; ajuda a perceber o que terá sido a grande hecatombe de quase três séculos antes:

> Desde o dia de Natal de 1629 até aos 8 de Janeiro de 1630, a saber, em 15 dias, sepultei eu, o Pe. Manuel Nunes Cansado, cura nesta Igreja de Balasar, *seis pessoas da casa de André João*, de Gardes *(sic)*, *scilicet*, dois filhos e quatro filhas, e duas se enterraram num dia numa cova.
>
> Hoje, 10 de Janeiro da era *ut supra*.
> Manuel Nunes Cansado.

---

[78] Num documento do mesmo Mosteiro de S. Simão da Junqueira, emitido em 26 de Julho de 1385, D. João I fala da "batalha que entendia que porá El-Rei de Castela". A Batalha de Aljubarrota travou-se pouco mais de quinze dias depois, em 14 de Agosto.

A ANEXAÇÃO DE GRESUFES A BALASAR

O Arcebispo de Braga determinou a anexação em 7 de Maio de 1422, mas esta só se veio a concretizar oito anos mais tarde, em 27 de Novembro de 1430, com o falecimento do último abade de Gresufes, Gonçalo Durães[79].

De facto, nem mesmo então foi definitiva, pois em 1528 Gresufes encontrava-se anexa a Gondifelos. Desde 1542, pelo menos, a anexação a Balasar não voltou a ser posta em causa. Em 1551, a igreja de Gresufes era uma ermida sem cura (sem sacerdote responsável).

1. Extracto da carta do Arcebispo

A anexação de Gresufes a Balasar não foi um caso isolado no seu tempo: houve então muitas anexações. Subjacente a elas estava sem dúvida a crise que a Igreja vivia, principalmente devida à já distante peste negra, que alterara profundamente o panorama demográfico. Pouco mais de um século depois, porém, sobre os bens paroquiais de Balasar iria ser criada a comenda, o que supunha que a freguesia dispusesse de um rendimento bastante grande.

Copia-se parte da carta que ditou a anexação:

> D. Fernando Guerra, por mercê de Deus e da Santa Igreja de Roma Arcebispo de Braga e primaz, a quantos esta carta virem fazemos saber que, porque houvemos por certa informação que a igreja de *Gressuffe*, terra do arcediago de Vermoim do nosso

---

[79] Seguimos aqui o trabalho de Franquelim Neiva Soares *Subsídios para a História de Santa Eulália de Balasar*, publicado no Boletim Cultural *Póvoa de Varzim*, vol. XV, n.º 2, 1976, págs. 199-236.

dito arcebispado, e outrossim a igreja de *Ballassar*, na dita terra, ambas juntas são tão pequenas e de tão pouca renda que os abades delas se não podem manter nem pagar os nossos direitos, nem se podem manter assim no temporal como no espiritual, e porque fizemos certo que a dita igreja de *Gressuffe* não pode haver por muito que haja mais de quatro até cinco moios e a dita de *Balassar* pode haver de sete até oito moios e outrossim as sobreditas igrejas partem um limite com o outro, porém nós entendendo por serviço de Deus, e de consentimento do chantre e o nosso cabido da nossa igreja de Braga, e porque as sobreditas igrejas são ambas da nossa apresentação em sólido, incorporamo-las e anexamos e *unimos a dita igreja de Gressuffe à dita de Bassar*, que é cerca dela[80], com esta condição, que vagando a dita igreja de Balasar em qualquer tempo que nós e a dita nossa igreja de Braga confirmemos a dita igreja de *Balssar* com a dita igreja de *Gressuffe*, sua anexa para sempre, cada que for vaga, e mandamos aos fregueses da dita igreja de *Gressuffe* que vão receber os eclesiásticos sacramentos na dita igreja de Balasar e ouvir missas e que o abade que ora é e for ao diante da dita igreja de Balasar vá, dia do orago da igreja de *Gressuffe*[81], dizer missa à dita igreja, lançando a água benta sobre os finados e dizendo o responso costumado sobre eles (...)

---

[80] A igreja de Balasar era "cerca", próxima da de Gresufes. Embora uma proximidade seja sempre relativa, estando ela no Matinho não ficava distante da sua vizinha.

[81] A paróquia de Gresufes não é declarada extinta. Quando terá cessado esta justa obrigação do pároco de Balasar?

Dante no Mosteiro de Tibães, sete do mês de Maio. Bento Afonso a fez. Era de 1460 anos[82].

2. Dentro da Igreja de Gresufes

A apresentação da carta de anexação do Arcebispo Primaz decorreu dentro da desaparecida Igreja de Gresufes na data já indicada.

> Saibam quantos este instrumento virem que no ano da era do nascimento de Nosso Senhor Jesus Cristo de mil e quatrocentos e trinta anos, vinte e sete dias do mês de Novembro, *dentro na Igreja de Gressuffe*, terra de Faria, termo da vila de Barcelos, em presença de mim Afonso Martins, tabelião na dita vila e em seus termos pelo senhor Conde D. Afonso, senhor da dita vila e termos, e testemunhas que adiante são escritas, estando aí presente João da Fonte, abade de *Balssar* e raçoeiro do Mosteiro de São Pedro de Rates[83], e outrossim estando aí presente um homem que se por nome dizia Gil Esteves, abade que se dizia que era da Igreja de Laundos, outrossim da dita terra e termo, e logo aí pelo dito João da Fonte, abade de *Balassar*, foi apresentada uma *carta de anexação* de Dom Fernando, Arcebispo de Braga, escrita em pergaminho e selada do selo pendente redondo, posto em cera branca, colgado por uma fita miscrada de linhas pretas e brancas e subscrita pelo dito senhor Arcebispo, segundo pela dita carta parecia (...)

---

[82] Da era de César.

[83] Segundo um documento citado por Franquelim Neiva Soares, em 1447, como Gresufes, também Rates estava anexa a Balasar...

3. A entrega da abadia

No dia seguinte ao do falecimento do último abade de Gresufes, o de Balasar assumiu a posse da freguesia vizinha.

O dito abade de *Balssar* disse que, porquanto no sobredito dia fora enterrado e sepultado dentro na dita igreja de *Gressuffe* o dito Gonçalo Durães, pestumeiro abade que dela fora e a dita igreja por sua morte dele pertencia ser anexada à dita igreja de *Balassar* por virtude da dita carta da dita anexação do dito senhor Arcebispo, porém ele, dito João da Fonte requereu ao dito Gil Esteves, abade de Laundos, que presente estava, na presença de muitos abades beneficiados que aí presentes estavam juntos na sepultura do dito Gonçalo Durães, que o metesse de posse da dita igreja de *Gressuffe*. E o dito Gil Esteves, vendo o razoar e pedir do dito João da Fonte, *meteu logo de posse o dito João da Fonte da dita igreja de Gressuffe por pedra e terra e telha e madeira*[84] *e por campã de sobtelha e canto d'altar e chaves e vestimentas e por todos outros ornamentos da dita igreja* segundo costume se deve fazer, estando aí presentes estas pessoas fregueses que se dizia que eram da dita igreja de *Gressuffe*, os quais se por nome diziam João Domingues e Afonso Eanes e Martim Esteves e Bento Pires e Bento Gonçalves. Os quais sobreditos fregueses disseram que eles lhe prazia da dita anexa-

---

[84] A propósito do radicalismo desta expressão e das seguintes, recorde-se um documento do Mosteiro de S. Simão da Junqueira, datado de 1427 (certamente da era de César) relativo a Moldes, onde se toma conta do "Casal do Ribeiro e das herdades e de todas as pertenças dele *por pedra e terra, colmo das casas do dito casal e por as chaves do dito casal*".

ção e que eram bem contentes de lhe darem ao dito João da Fonte todos os seus direitos que eles teúdos eram de dar e pagar a cada um ano à dita igreja de *Gressuffe*.

E de tudo o dito João da Fonte pediu a mim tabelião este instrumento da dita posse.

Testemunhas:

O dito Gil Esteves, abade de Laundos, e

Rodrigo Afonso, de Rates, e

Gonçalo, de Feães, e

Gonçalo Martins, abade de Silveiros[85], e

os sobreditos Bento Gonçalves, e João Domingues, e Afonso Eanes, e Martim Esteves, e Bento Pires, fregueses que se diziam da dita igreja de *Gressufe*.

4. Entrega dos pertences da igreja de Gresufes ao pároco de Balasar

Na entrega dos pertences da igreja de Gresufes ao pároco de Balasar ocorre um pormenor pouco edificante: quem faz a entrega é um filho do antigo pároco, aceite como tal[86]. Os

---

[85] Havia duas freguesias de Silveiros, São Salvador e São João. Como São Salvador era de Fralães, este abade podia ser o de São Salvador e representar os Correias, que deviam continuar a ser os principais donos de Gresufes e como tais poderiam ter uma palavra a dizer sobre a anexação. Gresufes ainda viria a anexar a Gondifelos, o que estaria mais de acordo com os interesses dos Correias.

[86] Sobre a origem e problemas surgidos ao longo da história com o celibato dos sacerdotes pode-se consultar a *Enciclopedia Católica* em linha (http://ec.aciprensa.com/wiki/Celibato_sacerdotal#.Uz1BPvldVqU), em espanhol, ou a versão inglesa do mesmo artigo na *Catholic Encyclopedia* (http://www.newadvent.org/cathen/03481a.htm). É sabido que o Arcebispo de Braga Beato Fr. Bartolomeu dos Mártires, no Concílio de

livros mencionados no documento são ainda cópias feitas à mão, que não havia então reprodução tipográfica.

E feito isto o dito João da Fonte requereu logo ao dito Bento Gonçalves, filho que fora do dito Gonçalo Durães, abade que fora da dita igreja, porquanto dizia que o dito Bento Gonçalves fora tedor *(possuidor)* e guardador de todos os ornamentos que na dita igreja havia, porquanto Gonçalo Durães, seu pai, era velho e o dito Bento Gonçalves, seu filho, tinha de tudo cargo de guardar e procurar por o dito seu pai e que porém lhe *requeria que lhe entregasse e apresentasse logo todos os ornamentos que na dita igreja havia para os ele receber e pôr em inventário por bem da dita sua igreja de Gressuffe*, sua anexa, e fregueses dela.

E foram logo aí pelo dito Bento Gonçalves apresentados estes ornamentos que se seguem:

Item, um cálice de estanho.

Item, duas vestimentas perfeitas.

Item, uns pichos e uma caldeira de benzer água.

Item, três ofícios novos.

Item, um livro de benzer água e de baptizar e de encomendar.

Item, um santal e domingal de rezar[87].

Item, um saleiro francês.

Item, outro saleiro galego.

Item, outros dois livros de sobre-altar, que vêm a saber, santal e outro domingal, segundo que o dito João

---

Trento, pediu que fossem dispensados do celibato ao menos os párocos do Barroso: "*Saltem pro barrosanis!*"

[87] *Santal* e *domingal* devem ser os missais com os textos litúrgicos dos dias de semana, em que se comemoram os santos, e dos domingos.

da Fonte e o dito Gil Esteves abades diziam que os ditos livros eram cada dos ditos ofícios de sobreditos.

Item, foram aí mais achados estes bens que se seguem, a saber, uma arca vazia com sua cobertura.

Item, outra arca velha, desfeita.

E dos ditos bens aí mais não foram vistos nem achados.

Os quais ornamentos e arcas velhas, assim tudo entregue pelo dito Bento Gonçalves ao dito João da Fonte, abade de *Balssar* e da dita igreja de *Gressuffe*, como dito é, o dito Bento Gonçalves disse que eu tabelião lhe desse assim dele um instrumento de como se o dito João da Fonte dava entregue dos sobreditos ornamentos e coisas de suso ditas para lhe a ele dito Bento Gonçalves ao depois não serem mais demandas, posto que se ao depois perdessem.

SÉCULO XVI

UM DOCUMENTO DA CASA
FURTADO NA GANDRA

Nalgumas casas de lavoura guarda-se um pequeno arquivo com documentos antigos de quando as propriedades pagavam foros, da remissão deles, de sentenças, escrituras mais recentes e outros documentos diversos. Na Gandra, na Casa Furtado ou da Granja, isso também acontece. E acontece até que, não sendo um arquivo nem particularmente volumoso nem particularmente diversificado, contém uma ou outra raridade.

Em 1220 o Mosteiro de Landim possuía em Balasar dois casais e uma granja: os casais deveriam ficar em Lousadelo, a granja era sem dúvida esta casa.

A fundação dos mosteiros de Landim, S. Simão da Junqueira e Rates, que possuíam bens na freguesia, data de um pouco antes da independência de Portugal. Nessa altura, os nobres abastados promoviam a manutenção destas instituições doando-lhes propriedades. Atendendo a que os Cavaleiros do Outeiro Maior continuaram a possuir terras confinantes com a Granja da Gandra, podem ter sido eles os doadores do de Landim.

A diferença entre granja e casal teria a ver com a aptidão agrícola dos terrenos; os da granja seriam considerados de reduzida qualidade, apenas aptos para a criação de determinado tipo de gado. Os documentos falam até tarde de *montado*. Gandra e montado apontam para uma área agreste, pouco fértil, despovoada.

Há um documento do arquivo da Gandra especialmente curioso: é de 1826, mas copia outro de 1528. Infelizmente, houve grave descuido na sua conservação e ele está partido a meio, na horizontal. Assim três das suas linhas centrais estão total ou parcialmente ilegíveis.

Contém o "título da demarcação do Casal da Granja" e começa assim:

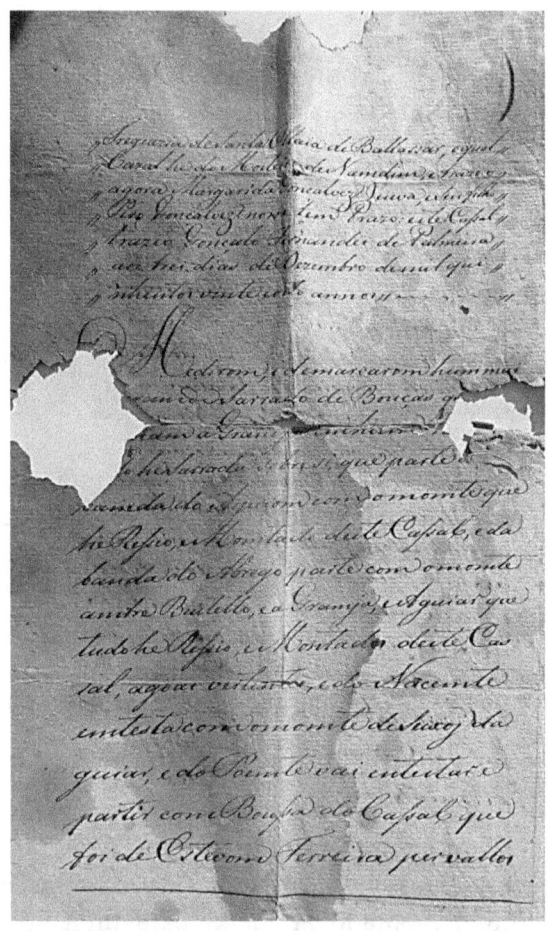

Segunda página da cópia do documento de 1528 da casa da Gandra. É nela que começa a ser feita a medição da propriedade.

Título da demarcação do Casal da Granja[88], freguesia de Santa Olaia *(sic)* de Balasar, o qual casal é do Mosteiro de Nandim *(sic)* e trá-lo agora Margarida Gonçalves, viúva, e seu filho Pêro Gonçalves; não tem prazo. Este casal, trá-lo Gonçalo Fernandes de Palmeira. Aos três dias do mês de Dezembro de mil quinhentos e vinte e oito anos.

A Granja

A seguir vem a medição e demarcação dos prédios, mas não a do assento do casal. Começa por falar dum "muito grande cerrado de bouças que chamam a Granja". Com as limitações devidas ao estado do documento, transcrevemos o que sobre isto se registou em 1528.

Mediram e demarcaram um muito grande cerrado de bouças, que chamam a Granja, em um (…) é cerrada sobre si, que parte da banda do aguião *(norte)* com o monte que é rossio e montado deste casal e da banda do abrego *(sul)* parte com o monte entre Bustelo e a Granja e Aguiar, que tudo é rossio e montado deste casal, águas vertentes, e do nascente entesta com o monte dos Seixos de Aguiar e do poente com a Bouça do Casal, que foi de Estêvão Ferreira, por valos, e mediram estas bouças assim como jazem de norte para poente acham setecentas e oitenta quatro varas de medir e de ancho *(largo)*, do aguião para o abrego, trezentas e três varas; e dentro nesta medida e demarcação ficam estas bouças que se seguem (…)

---

[88] Noutros tempos, falar-se-ia simplesmente de *granja*, agora fala-se de Casal da Granja: já se devia ter perdido a noção do sentido original da palavra granja.

Duma dessas bouças afirma-se que "é fraca terra; semeia-se de vinte em vinte anos".

Acrescenta-se a medição doutras propriedades:

> Item, outras bouças para o abrego, dentro no dito cerrado, que levarão de semeadura, se a terra fosse boa, cento *(sic)* alqueires, mas é terra sem água, fria e fraca, que não quer dar o terço, nem o quinto das sementes que lhe deitam assim de milho como de centeio; escassamente dão a semente, e em consciência não lhe sabemos o que lhe ponhamos de renda, tão ruins terras são.

A dada altura assinalam-se uns pardieiros de que só são visíveis os "alicerces com suas saídas, uma para o abrego, outra para o aguião e nascente e poente". Presumimos que estas casas caídas em ruína tenham a ver com a distante peste negra que cem anos antes ditou a anexação de Gresufes a Balasar.

Os Seixos de Aguiar que ocorrem no documento são mencionados no Tombo da Comenda quando se faz a delimitação da freguesia.

Visto em documentos posteriores da casa se mencionarem os Cavaleiros, o Estêvão Ferreira que ocorre em 1528 foi sem dúvida o dono da Casa de Cavaleiros no virar do século XV para o XVI (um neto seu, de nome Estêvão Ferreira d'Eça, está sepultado no Convento de S. Francisco de Vila do Conde).

O ABADE JOÃO RODRIGUES E A CAPELA DO ESPÍRITO SANTO EM VILA DO CONDE

O *Nobiliário das Famílias de Portugal* de Felgueiras Gaio, ao falar dos Carneiros, traz esta informação sobre o "Morgado do Espírito Santo de Vila do Conde":

> Francisco de Barros Carneiro, filho bastardo de Álvaro Carneiro, foi moço de Câmara do Sr. Rei D. João III por alvará passado em Évora a 8 de Julho de 1531, faleceu em 1547. Casou com Genebra Rodrigues, filha bastarda de *João Rodrigues, abade de Balasar*, que instituiu nela no ano de 1526 o *Morgado do Espírito Santo de Vila do Conde*.

Houve de facto um morgadio, dito do Espírito Santo, em Vila do Conde, instituído pelo abade de Balasar João Rodrigues em 1526, na capela do mesmo nome.

A capela já existia em 1510, à data da criação da Misericórdia de Vila do Conde, que aliás a aproveitou. O abade João Rodrigues apenas instituiu o morgadio, isto é, associou à capela um conjunto de bens de cujo rendimento se deviam custear certas despesas, especialmente sufrágios. Por norma, esse rendimento era superior às despesas revertendo o excedente para o administrador.

Conservam-se vários documentos do século XVI relativos à Capela do Espírito Santo ou ao morgadio do mesmo nome de 1568, 1569, 1592 e um de 1603. Ao tempo dos dois primeiros, ainda administrava a capela Genebra Rodrigues, embora fosse um seu neto, Bento Rodrigues de Barros, "cavaleiro fidalgo da Casa Real", quem estava na origem dos documentos.

A Capela do Espírito Santo, que era anterior à Misericórdia, ficava em frente da igreja desta instituição.

A memória paroquial de Vila do Conde de 1758 também recorda o abade de Balasar:

> A Capela do Espírito Santo, cabeça do morgado instituído por um *abade de Balasar*, fronteira à Capela da Misericórdia. E hoje corre litígio sobre a administração e morgado entre o Pe. Francisco Carneiro de Araújo, da cidade do Porto, e Bernardo de *(ilegível)*, do Couto de Caparrosa, e não tem confraria.

Em 1845, no inquérito paroquial, o prior Silos referiu-se-lhe assim:

> Pequena e acanhadíssima capela. É muito antiquíssima *(sic)* e ignora-se quem a fundou. Está com alguma decência e tem alguns paramentos. Os fiéis a veneram.

Era com certeza de fundação medieval.

Fotografia que deve ser de finais do século XIX e que mostra a Capela do Espírito Santo. Ao seu lado esquerdo ficaria o antigo Hospital do Espírito Santo.

Fonte: *Santa Casa da Misericórdia de Vila do Conde. Um legado. 1510-1975. I volume.* **Santa Casa da Misericórdia de Vila do Conde, 2010.**

O ABADE MANUEL GONÇALVES

O nobiliário acima citado, igualmente ao falar dos Carneiros, menciona o abade de Balasar Manuel Gonçalves para dizer que ele foi pai de Margarida Álvares, esposa de Gomes Carneiro. E diz que, com ela, Margarida Álvares (aliás, Margarida Vaz[89]), houve Gomes Carneiro "duas propriedades que aí possuem os seus descendentes e houve também o morgado de D. Juliana sua parenta, filha de Maria Carneiro".

O abade Manuel Gonçalves foi pároco de Balasar[90] desde cerca de 1535 e por uns 30 anos. Como o seu antecessor e outros párocos seus contemporâneos com largos rendimentos, afastou-se da sua abadia e foi residir para Vila do Conde.

---

[89] Osório-Vaz da Nóbrega chama Margarida *Álvares* à primeira filha do abade de Balasar; um outro autor chama-lhe Margarida *Alves*. Mas nos documentos contemporâneos dela que consultámos ela é sempre Margarida *Vaz*.

[90] No Arquivo Distrital do Porto há uma "procuração de Dinis Pinto, cavaleiro fidalgo da Casa Real, e Juliana Pinta, como testamenteira e herdeira de Francisco Pinto, abade que foi de Balasar, ao Dr. Gonçalo Araújo, morador em Braga, para os representar nas suas causas e demandas"; mas parece haver nisto o erro de colocar a palavra Balasar onde devia estar Valadares (S. Tiago de Valadares, em Baião). O documento data de 1578.

Em 7 de Novembro de 1559, quando decorriam diligências para aprontar o Tombo de Bagunte, "Manoel Gonçalves Abbade de Vallazar" foi requerido, em Vila do Conde, com vista a testemunhar a delimitação com aquela freguesia. Como o Tombo de Balasar era recente, ele apresentou-o e copiou-se de lá a delimitação para o de Bagunte.

Sabe-se que celebrou lá baptismos e presidiu naturalmente a outros actos religiosos.

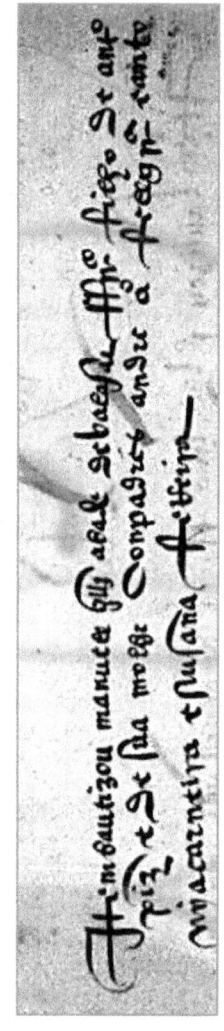

O assento de baptismo seguinte data de 1536:

Item, baptizou *Manuel Gonçalves, abade de Balasar*, Francisco, filho de António Pires e de sua mulher. Compadres: André Álvaro Felgueira e Antónia Carneira e Susana Ferreira.

Esta Antónia Carneira algum parentesco devia ter com Gomes Carneiro; deste e dos seus descendentes se falará mais adiante.

Deve-se a este abade a iniciativa da elaboração do Tombo de 1542.

Assento de baptismo vila-condense de 1536 em que oficiou o abade Manuel Gonçalves.

A dissolução dos costumes entre o Clero ao tempo da Contra-Reforma: alguns factos

Além dos desregramentos dos abades João Rodrigues e Manuel Gonçalves, conhecem-se, nas proximidades de Balasar[91], mais factos que documentam a dissolução dos

---

[91] O pároco de Bagunte contemporâneo do abade Manuel Gonçalves também residiu em Vila do Conde e também lá teve um filho.

costumes reinante entre o Clero antes e mesmo durante o período da Contra-Reforma[92].

Em 1503, nasceu *Tomé de Sousa, o filho do prior de Rates* que foi o primeiro governador-geral do Brasil e que fundou a cidade da Baía.

Em 1542-1543, foi *arcebispo de Braga D. Duarte de Portugal: tinha 21-22 anos* e era filho "natural" de D. João III e de Isabel Moniz, tendo sido concebido ainda antes do casamento de D. João com D. Catarina de Áustria.

O vila-condense *D. João Ribeiro Gaio, que esteve à frente do bispado de Malaca no final do século XVI, foi pai de quatro filhos.*

O padre vila-condense *Manuel Carneiro, filho de Margarida Vaz, neto portanto do abade Manuel Gonçalves, teve também bastardos*[93].

A estes factos inteiramente reprováveis, como os dos atrás mencionados abades de Balasar, e certamente houve outros, há que contrapor o seguinte:

Vila do Conde deu à Igreja no século XVI um homem tão dedicado como *Fr. João de Vila do Conde, o Apóstolo do Ceilão*, que se dirigiu para esta ilha em 1543 e aí trabalhou

---

[92] Dois escritores portugueses célebres do século XVI, contemporâneos dos abades João Rodrigues e Manuel Gonçalves, verberaram os sacerdotes luxuriosos e ambiciosos (Gil Vicente) ou demasiado preocupados com os bens materiais (Luís de Camões).

[93] Estêvão Ferreira de Eça, senhor de Cavaleiros (já mencionado), que viveu em Vila do Conde e casou duas vezes, a primeira talvez em 1571 e a segundo cerca de 1585, teve três filhos legítimos, mas quatro bastardos.

Em Balasar, do tempo em que há registos, assinalam-se dezenas e dezenas de filhos de mães solteiras e pais incógnitos. Até uma escrava teve um filho de pai não declarado. E havia ainda os enjeitados. Os erros graves não são exclusivo deste ou daquele grupo.

algum tempo às ordens de S. Francisco Xavier; deixou obra notável[94].

Na mesma Vila do Conde nasceu cerca de 1530 o *Pe. Manuel de Sá, SJ,* autor de dois livros de tema bíblico e dum de tema moral que fizeram dele *uma referência cultural europeia ou até mundial durante séculos.*

O Beato *Fr. Bartolomeu dos Mártires, principal padre conciliar do Concílio de Trento, foi arcebispo de Braga entre 1559 e 1581.*

Passaram na segunda metade deste século XVI por Braga homens tão envolvidos na Contra-Reforma como *S. Francisco de Borja, o beato Inácio de Azevedo,* etc.

Se não se pode ignorar o que houve de mal, convém dar o devido destaque ao que houve de bom.

---

[94] Fr. João de Vila do Conde conheceu certamente o abade Manuel Gonçalves: a Vila de então, embora em expansão, devia ser bastante pequena e o pároco de Balasar era homem de posses.

O TOMBO PAROQUIAL DE 1542

A importância do Tombo de Balasar de 1542 – "Tombo de Santa Obaya de Ballasar e Gundiffellos e Sam Salvador de Grisufe, enexa" – para a história da freguesia equivale à das Inquirições e à das Memórias Paroquiais.

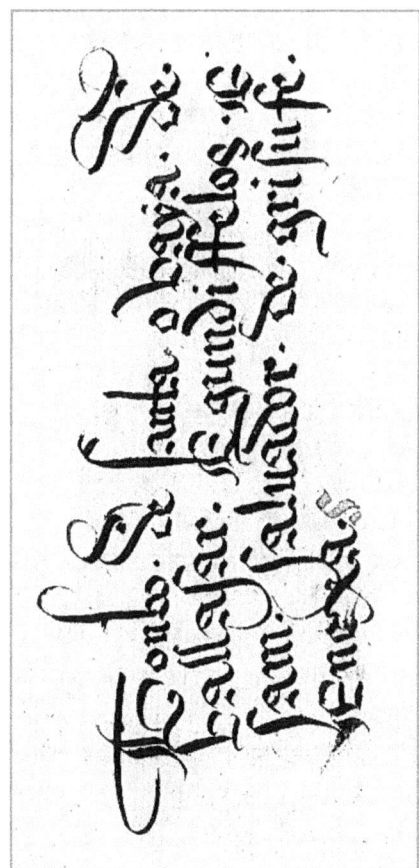

A elaboração dele foi promovida pelo abade Manuel Gonçalves: sentia-se lesado nos seus interesses económicos, que não eram pequenos. De facto, ele era "abade" não só de Balasar e sua anexa Gresufes, mas ainda de Gondifelos e S. Marinha de Vicente.

Título do Tombo de Balasar.

A quem não está habituado à leitura da sua antiga escrita, ela oferece muitas dificuldades de interpretação; é por isso de esperar que nalguns casos das transcrições que fazemos haja erros; noutros nem se arriscou qualquer leitura.

O abade Manuel Gonçalves foi um dos párocos que deixou uma mancha mais sombria na história de Balasar. Só por interpretação abusiva de qualquer norma é que ele poderia ser responsável por tantas paróquias: deixasse aos sacerdotes que aí exerciam o múnus paroquial o rendimento a que tinham direito. Mas ainda não estava satisfeito: achava que se desperdiçavam recursos e foi por isso que quis fazer tombo novo, "autêntico tombo por pública escritura de notário apostólico dos limites das duas suas igrejas e assim dos casais e herdades e possessões delas".

Garantiu o futuro económico ao menos duma das filhas a partir de bens pertença da paróquia. Tal pode ter acarretado prejuízos a alguns lavradores balasarenses, não tanto à própria paróquia.

1. Conteúdos do tombo relativos a Balasar (deixando de parte os relativos a Gondifelos)

- Título do Casal da Igreja de Santa *Ovaia* de Balasar.
- Título do Casal do assento de São Salvador de *Gresuffe*, anexa de Balasar.
- Título do Casal de Vila Pouca.
- Título do Casal de Além em que vive Domingos Martins e Pêro Fernandes.
- Título do Casal das *Corujas* sito na freguesia de Santa Marinha de Vicente, em que mora João Martins o Galego[95].

---

[95] Pagava renda a São Salvador de Gresufes.

- Título da demarcação de Balasar e São Salvador de *Gresuffe*, sua anexa.

Embora o Tombo da Comenda de Balasar de 1830-1832 não fale em *títulos*, aborda todos estes temas (e alguns mais). Mas não há dependência dele para com o da freguesia, o que permite um confronto esclarecedor entre os dois. Segue-se cópia da delimitação da freguesia.

1.1. Título da demarcação de Balasar e São Salvador de *Gresuffe*, sua anexa

Entre **Gondifelos e Balasar**, parte pelo cume do monte à Pedra Negra, águas vertentes, sempre até ao monte da Gravateira, e dali direito, águas vertentes, à bouça da fonte da Gravateira, onde se há-de pôr um marco dentro da bouça que logo demarque, pouco mais ou menos abaixo do caminho onde está outra fonte que se chama da Gravateira; vai até ali *(ilegível)* entre uma igreja e a outra.

Entre **Balasar e Vicente** *(S. Marinha de Vicente, hoje Gondifelos)*, vai pelo dito ribeiro da fonte da Gravateira até ao moinho de João de Braga e dali torna a entestar na bouça da Portela e torna contra São Paio e vai até ao caminho que vai para os casais de Além e vai pelo caminho até o monte de cima da Agra dos Feães, águas vertentes, e dali pelo valo do Lenteiro, direito à Cruz das Searas de São Salvador *(de Gresufes)*, e dali torna direito à cangosta e pela cangosta até o rio e pela veia do rio até o porto das Bouças e do porto das Bouças ao marco que está em cima na mamoa e dali a um seixo branco que está dentro na bouça de Covilhã.

Entre **São Veríssimo** *(S. Veríssimo de Pedrafita, hoje lugar de Cavalões)* **e Balasar**, da Pedra Negra,

117

sempre pelo cume do monte, águas vertentes, até ao Xisto.

Entre **Vilarinho e Balasar**, parte pelo cume do Xisto, vai até entre o Painho, pela cangosta do Carro, a monte Longo.

Entre **Fradelos e Balasar**, de monte Longo aos Seixos de Aguiar e dali, sempre pelo cume do monte, até Carvalhosa.

Entre **São Martinho do Outeiro e Balasar**, da Carvalhosa à cangosta da mesma Carvalhosa e dali à fonte da Granja pegada com a bouça de Bastião Peres.

Desta fonte, parte entre **Bagunte e Balasar**: vai pela cangosta acima, ao monte, águas vertentes, às Ameixoeiras e dali vai até, águas vertentes, à cangosta de Vale de Flores, e fica de dentro da dizimaria de Balasar uma bouça que está no valo que cavou João Álvares Bragas.

Desta cangosta do Vale de Flores, parte entre **Balasar e Arcos** e vai sempre pelo ribeiro abaixo até às bouças do Reguengo e dali pelo valo da bouça, pelos valos, direito ao rio, até Aguaceiros e de Aguaceiros abaixo até ao rio, e ficam as bouças da Quintã de *Grefonso* de Balasar, e do rio vai para abaixo do Ruingela um pouco até à cangosta e pela cangosta à Pedra do Couto.

Entre **Rates e Balasar**, parte da Pedra do Couto ao marco que está acima do campo de Louças, que é um marco pequeno abaixo da mamoa.

Entre **Macieira e Balasar**, deste marco ao campo das Bouças e do campo das Bouças, pela estrada velha, ao marco que está à beira do seixo, o marco que se chama Pedra Curveira.

Entre **Negreiros e Balasar**, vai deste marco ao valo da Toureira da Covilhã e daí pelo valo às cangostas do Brito e pela cangosta sempre ao dito seixo que está dentro na bouça da Covilhã, e ali acaba.

A delimitação começa a ser feita na Pedra Negra, onde se juntam Gondifelos, Balasar e Cavalões, e segue a direcção norte e poente até próximo de Penices; a seguir, delimita parte de Santa Marinha a sul do rio, segue depois pelo rio até ao "porto das Bouças" para subir daí em direcção à Covilhã.

Regressa daí à Pedra Negra[96] e faz depois a delimitação de toda a freguesia, no sentido do movimento dos ponteiros do relógio, até chegar novamente à pedra da Covilhã.

Ainda eram autónomas as freguesias de S. Marinha de Vicente (hoje de Gondifelos) e S. Veríssimo de Pedrafita (hoje lugar de Cavalões) e por isso se faz a delimitação com elas; o monte de Lobos não é mencionado; na delimitação com Bagunte, fala-se do Vale de Flores, mas não da ermida da Senhora das Neves; a Rates ainda não se chama comenda, mas couto.

É mencionada a Pedra Curveira de que falavam as inquirições; são referidas as duas mamoas. À antiga Pedra Negra de entre Rates, Balasar e Arcos chama-se Pedra do Couto.

Na delimitação com o Outeiro Maior pode haver erros.

1.2. Os casais da Igreja

Havia vários casais – várias casas de lavoura – que pagavam renda ao pároco de Balasar: um na área da antiga Balasar, três em Gresufes e um em S. Marinha de Vicente. A posse

---

[96] Seria este marco também um menir? Será ele a pedrafita a que se referia o nome da freguesia?

119

destes casais deve ter resultado de doações feitas na altura da criação das paróquias. Afora isso, toda a gente pagava o dízimo ao pároco.

Nestes casais[97] são caso à parte os dois dos assentos das igrejas de Balasar e Gresufes, os casais das igrejas, cujos "títulos" vamos copiar.

1.2.2 Título do Casal da Igreja de Santa *Ovaya* de Balasar

Primeiramente, uma casa sobradada que tem uma sala e duas câmaras e uma cozinha, todas telhadas.

Outra casa telhada que serve de câmara.

Pegado com o cabido da dita igreja, quatro casas térreas telhadas e uma delas colmaça.

Uma casa colmaça em que vive o caseiro.

Um eido com duas cortes.

Mais duas cortes de gado colmaças.

Um pombal pegado com as casas.

Um tapado que levará um quarto de semeadura, que serve de colmeias.

Uma eira pegada com o adro e abaixo da eira um cortelho tapado sobre si que levará de semeadura um alqueire e meio.

Da parte do mar, um campo tapado e valado sobre si; leva de semeadura nove alqueires.

Um pedaço de uma devesa, tapado e valado sobre si, e pegado com ele, de contra a terra, um pomar que levará de semeadura dois alqueires.

---

[97] No tombo não se fala de emprazamentos; as pessoas que trabalhavam os casais teriam um estatuto semelhante ao dos caseiros de há ainda décadas atrás; os futuros emprazamentos dar-lhes-iam um direito que redundou quase em posse.

Um campo que se chama a Seara, tapado e valado sobre si; leva de semeadura nove alqueires; não tem confrontações porque todo é da igreja.

Um campo que se chama da Rigada, tapado com valado sobre si; leva de semeadura seis alqueires; parte da parte da terra com caminho do porto de Escariz e do norte com rio Este e do vendaval com mato e do mar com Searas.

Um campo que se chama do Pombal, todo tapado e valado sobre si, que leva de semeadura cinco alqueires, com mato, que não dará pão; parte da terra com monte e do norte com caminho e do mar com Searas e do vendaval com cangosta da bouça da Pateira.

Pegado com este campo, outro campo tapado e valado sobre si; levará de semeadura oito alqueires e parte do norte com caminho e das outras confrontações com terra da igreja.

Um campo pegado com este, que é terra de água; levará de semeadura sete alqueires; parte do vendaval com a bouça da Pateira e com Santa Vaia de Rio Covo.

Por contra o mar, dois campos, um levará de semeadura quatro alqueires e outro quinze; estão tapados e valados sobre si e partem da parte da terra com Searas e de todas as outras partes com monte e saída do casal.

Uma azenha com seu moinho alveiro.

Uma boucinha que se chama da Porta, ruim terra; levará de semeadura três alqueires; parte de vendaval com azenha e monte e do mar com o caminho do porto e do norte com o rio e assim da terra.

Um campo que se chama de Além do Rio, todo tapado e valado sobre si; tem a terça parte de monte, que não dá pão; levará de semeadura cinquenta alqueires; parte do mar com caminho e assim do norte e da terra com reguengo do Duque e vai ter ao porto de Escariz e do vendaval com o rio Este.

Na agra outra leira, que se chama do Casil do Faroleiro; uma leira que tem de largo dezasseis varas e de comprido noventa e cinco varas; levará de semeadura quatro alqueires; parte do norte com cangosta e do mar com Chavão, assim mesmo do vendaval, e da terra com o Duque.

Nesta mesma agra, uma leira que se chama de Revelhe; tem de longo cinquenta e quatro varas e de comprido sessenta e quatro varas; levará de semeadura cinco alqueires; parte do mar e vendaval com rio Este e da terra e norte com Chavão.

Na agra do Campo do Lavradio, no meio, uma leira; tem em largo três varas e de comprido noventa varas; parte por todas as confrontações com o Duque; levará de semeadura um alqueire de pão.

No campo do Costabe, no meio, uma leira que tem de largo três varas e de comprido cento e trinta e três varas; leva de semeadura um alqueire; parte do vendaval com o rio Este e de todas as outras confrontações todas com o Duque.

Na Agra da Vila, em *puso*, uma leira que tem a redor do rio que tem em largo dez varas e de comprido oitenta e sete varas; levará de semeadura um alqueire e meio e disseram que não sabiam se era tão larga da outra ao norte como da outra ao rio; parte da parte do mar com Chavão e Duque e do vendaval com o rio e das outras confrontações com o Duque.

Na bouça da Seara, na Agra do Fundo, uma leira; tem da parte do vendaval trinta varas e do norte dez varas de largo e de comprido cento e vinte; levará de semeadura dois alqueires; parte do vendaval com o rio Este e do norte e terra com o Duque.

A bouça da Pateira, acima da Valinha, contra o mar, toda tapada e valada sobre si; estava agora semeada; leva nove alqueires de semeadura.

Na Agra da Fonte, uma leira que leva dois alqueires de semeadura; parte do vendaval com cangosta e do mar com o Duque e do norte com a eira e da terra com pardieiros; tem de contra o mar vinte varas e da terra onze varas e de comprido cinquenta e quatro varas.

A Igreja e a Residência Paroquiais

O título do Casal da Igreja menciona três vezes a Igreja Paroquial, que era a do Matinho. A mais interessante dessas menções é a que fala do "cabido da igreja"; o cabido, neste caso, seria um alpendre, ao modo do da Senhora das Neves.

Segundo a memória paroquial de 1736, a igreja original do Matinho tinha três naves, como a de Rates; mas seria muito simples, sem arcos nem esculturas.

A residência tinha primeiro andar (era sobradada) e era telhada. Seria porventura a única casa na freguesia nestas condições, proporcionando ao pároco um bem-estar de que nenhum dos seus fregueses usufruía. As "câmaras" devem corresponder a quartos.

A Casa da Igreja

A Casa Murado, próxima do Cemitério, corresponde à antiga Casa da Igreja. Mas em 1542 não ficava onde está na actualidade, mas contígua à residência e à igreja.

Ela sofreu, primeiro, a desvinculação das terras da posterior Quinta de D. Benta, com certeza em tempo do abade Manuel Gonçalves, e, mais tarde, ignoramos em que data, foi vendida, como se informa em 1830. Em 1542, esta casa era toda colmaça.

Pelos confrontantes do norte do rio, vemos que havia nesta parte de Balasar várias terras reguengas (então do Duque de Bragança), terras de Santa Vaia de Rio Covo e de Chavão.

Não se vê que o Casal da Igreja de Balasar pudesse ser mais rendoso que os vários casais da Igreja de Gresufes em conjunto.

1.2.3. Título do Casal do Assento de São Salvador de *Grisuffe*, anexa de Balasar

Uma casa pegada com a eira, em que vive Pêro Gonçalves, colmaça.

Outra casa da adega, outrossim colmaça, em que o dito Pêro Gonçalves soía a viver e pegada com ela outra casa de celeiro, colmaça.

Quatro eidos de gado, colmaços.

Pegado com a eira, uma casa colmaça, que serve de lagar.

E pegado com casas de celeiro, uma latada de arredor com quatro ou cinco macieiras e levará um homem de cava.

Pegado com esta latada, um cortelho; levará de semeadura meio alqueire; parte do norte com caminho e da terra com latadas e saída do casal e do mar com Searas e do vendaval com a dita latada.

De contra a acima dita latada, um bacelo com algumas árvores e carvalhos; levará dois homens de cava; parte do norte com caminho e da terra com a eira de Domingos Martins e do vendaval e mar com terra de mesmo casal.

Uma eira num campo todo tapado e valado sobre si e tem passante de sessenta carvalhos; dentro levará de semeadura quinze alqueires; parte da parte da terra com leiras das Searas e terra de Santa Vaia de Rio Covo e do norte com casas e bacelo e do mar com Searas e com a Agra dos Valacos e do vendaval com terra de Santa Vaia de Rio Covo.

O campo da Seara, todo tapado e valado sobre si, tem de comprido cento e dezoito varas e de largo sessenta e uma varas; levará de semeadura dezoito alqueires; e parte do norte com caminho que vai para o porto dos Feães e do mar com leira de Vila Pouca e da terra com Agra dos Feães e do vendaval com devesa de São Salvador.

Pegado com São Salvador, um campo todo tapado e valado sobre si: parte da parte do mar com a igreja e cortelho da mesma igreja e do norte com caminho e da terra com campo da Eira e do vendaval com Landim; tem de comprido setenta e oito varas e de largo setenta varas; levará de semeadura dez alqueires.

Pegado com a mesma igreja, um cortelho tapado e valado sobre si; tem de comprido sessenta e sete varas e de largo vinte e sete varas; leva de semeadura três alqueires e meio; e parte da terra com Searas e do norte com caminho e do mar com ribeiro de Oucela e do vendaval com o valo do moinho e terra de Landim.

O cortelho que se chama da Searinha, todo tapado e valado sobre si; tem de comprido noventa e cinco varas e de largo trinta e cinco varas; leva de semeadura dois alqueires e meio; parte do vendaval com caminho da igreja e do mar com ribeiro da Oucela e da terra com a Vinha da Seara e do norte com Vinha do Abade.

Um cortelho de vinha; leva um homem de cava e parte da parte da terra com Vinha do Bacelo do casal de Além e do mar com o cortelho da Searinha e do vendaval com o caminho e do norte com Vinha do Abade.

Um campinho que se chama de Cabidas, todo tapado e valado sobre si; leva de semeadura três alqueires; tem de comprido cinquenta e sete varas e de largo vinte e nove varas; parte do mar com caminho que vai para *Grisuffe* e do vendaval com terra de Santa Vaia e da terra com o pevidal do casal de Além e do norte com Landim.

Uma bouça que se chama de Cima de Agrelos, tapada e valada sobre si; jaz de monte; levará de semeadura oito alqueires; parte do norte com Santa Vaia de Rio Covo e Landim e Farelães *(Fralães)* e do mar com o monte de Sob-Agrelos e do vendaval com bouça da Fonte de Pegas e da terra com valo de Vila Pouca.

Disse Pêro Gonçalves, caseiro de São Salvador, que dentro no campo da Costeira, de contra o vendaval, estava um pedaço de campo e que não sabia por onde ia e que lhe parecia a ele e aos homens bons que em baixo estão declarados que ia por um cômoro em que estão dois carvalhos, os quais parece que estavam no valo e assim vai em redor por a terra até dar no valo da Silveira e porém que se remetiam ao tombo de Santa Vaia.

A bouça da Devesa, toda tapada e valada sobre si, tem de largo setenta e duas varas e de comprido setenta e oito varas; levará de semeadura doze alqueires, pouco mais ou menos, a qual bouça é a metade de Santa Vaia de Rio Covo e a outra metade das Searas de São Salvador e partem a vara assim: numa parte como na outra pela qual bouça está serventia dos de *Grisuffe*. E a dita bouça da Devesa parte do norte com a dita bouça e do mar com Searas e do vendaval com Santa Vaia e da terra com bouças do Sotoso *(leitura duvidosa)* do casal de Além.

Na saída dos casais de Além e contra São Paio, uma bouça, terra muito ruim, tapada e valada sobre si; parte do vendaval com caminho e do mar e do norte com Lenteiro e de contra o mar; disse Pêro Gonçalves que fora já de Rigança, com o abade velho, e que deram a Landim dentro nesta bouça quanto levará um quarto de linhaça de semeadura; e da terra parte com o monte.

A bouça da Gravateira, tapada e valada sobre si, tem no meio um valo velho e de uma parte e da outra foi monte e o mais um campo que leva duas valas *(ilegível)*; terra muito ruim; levará de semeadura doze alqueires.

Uma bouça da Portela que foi tomada por o casal que estava por valo velho. Dizem que não sabem se a tomou a igreja; foi tomada há quinze anos e mais; se não for da igreja, amostrando se de outra parte, demandará sua justiça.

Uma Seara da Vinha, que estava a metade de campo, que traz o abade; levará de semeadura dez alqueires e tem uma devesa a qual anda em três, que agora traz o abade um terço e o casal de Além outro terço e o casal de Vila Pouca outro terço; parte do mar com o ribeiro de Oucela e do vendaval com cortelho das Searas e Vinha e campo da Eira de Além e da terra com campo de Além e do norte com Searas e campo da Seara.

Um pevidal que traz Pêro Álvares, caseiro de Balasar; levará um homem de cava; todo tapado sobre si; parte de todas as partes, porque está cercado, com o ribeiro de Oucela.

Os campos e as bouças do assento de Gresufes distribuíam-
se por Além, por Gresufes, por Agrelos e até havia uma na
Gravateira.
Fica-se a saber que Fralães *(Farelães)* ainda possuía propri-
edades na antiga paróquia.
Ainda não se falava de comendas.
O ribeiro que em 1830 há-de ser de S. Salvador era então de
Oucela (se é certa a nossa leitura da palavra).
As propriedades estavam cuidadosamente delimitadas por
valos, que deviam supor valados[98].

1.2.4. Anotações aos "títulos dos casais"

Os "títulos dos casais" mencionam as casas, os terrenos de cultivo do casal e também os terrenos a bravo.
As casas são quadrangulares (herança romana?) e cobertas a
colmo. Chama-se casas a edifícios muito diversos, à parte resi-
dencial, aos cobertos e aos currais[99]. Todas estas casas têm pa-
vimento em terra e com certeza poucas entradas de luz. O conjunto dos edifícios dum casal ainda não é vedado e por isso não
se mencionam portais fronhos.
A cozinha devia ter funções diversas: devia ser nela que se *pu-
nha* a mesa e se *faziam* as camas.
Como se cozinharia numa divisão coberta a colmo, consideran-
do o risco de o incendiar?

---

[98] No Apêndice documental colocam-se mais dois "títulos" de casais da
extinta paróquia de Gresufes (documentos 1 e 2).

Os valos eram regos; ao abri-los, a terra era acumulada em cômoro de
um dos lados. Sobre estes é que hão-de ter crescido os valados.

[99] Com esse sentido, ainda se diz *casa de banho, casa da eira, casa da
lenha* e até *casa das máquinas.*

128

Os nomes das propriedades devem dar conta de classificações muito antigas, que poderão recuar ainda a antes dos visigodos. As agras estão divididas em leiras (campos férteis longos e estreitos); a classificação dum terreno agrícola como devesa deve ter a ver com as vedações; os nomes de seara e vinha relacionar-se-ão com a aptidão dos terrenos. As vedações dos campos por valos devem estar na origem dos posteriores valados.

A Vinha do Abade era sem dúvida uma vinha de enforcado, com uveiras. São mencionadas mais duas vinhas. Junto às casas já há latadas.

São referidas algumas bouças e maninhos. Quanto a árvores, mencionam-se carvalhos, macieiras e pereiras e sabe-se que existiam dois pomares. Não se alude a sobreiros e muito menos a pinheiros[100].

Entre Além e Vila Pouca, próximo da Igreja de Gresufes, havia um moinho; próximo da Gravateira, outro; no rio Este, não longe da igreja do Matinho, assinalava-se um terceiro.

Parece-nos que a modesta construção à direita deste ex-voto à Senhora das Neves, de que só se vê a frente, ainda poderia ser coberta a colmo.

---

[100] A introdução do eucalipto nas matas é posterior à do pinheiro. É conhecido um caso do começo do séc. XVIII em que havia dois pinheiros numa horta.

1.3. A criação da Comenda

D. João III, rei de 1521 a 1557, enfrentou desde cedo graves problemas económicos: o negócio do Oriente que fizera proverbialmente rico seu pai, D. Manuel I, afundava-se. Alguns desses problemas solucionou-os fazendo uma espécie de nacionalização dos rendimentos dos párocos a quem estes manifestamente sobejavam. Foi assim que, para compensar serviços prestados à coroa, criou comendas como a de Balasar.

O rendimento do pároco desta freguesia deve ter ficado reduzido a um terço. Mal que veio por bem: párocos vizinhos tinham um rendimento muito menor que esse terço.

A referência mais antiga que encontrámos à Comenda de Cristo de Balasar data de 1577, quando era comendador de "Santa Ovaia de Balazar" Gonçalo Mendes de Brito, mas ela devia existir desde há uns 30 anos[101].

---

[101] Na Torre do Tombo conservam-se vários documentos relativos a esta comenda, mas não os conhecemos.

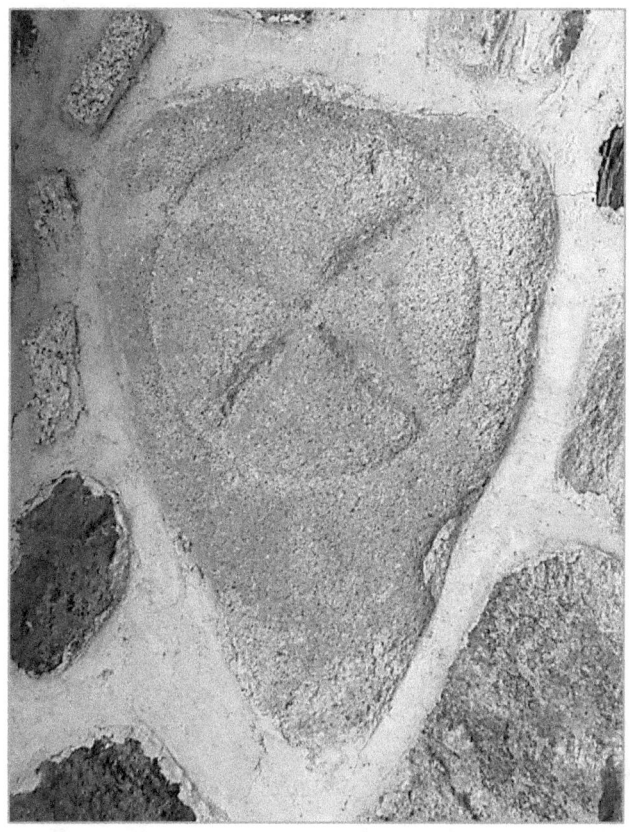

Esta pedra com a Cruz de Cristo que integra a parede duma casa em Além é na freguesia a mais expressiva memória, e porventura única, da Comenda de Balasar.

CASAS DE BALASAR E CASAS DE FREGUESIAS PRÓXIMAS

Quanto mais distante é o tempo que se estuda, menos documentados dele se conservam e mais diferente ele é do que se pode imaginar. A informação respeitante às casas de Balasar – a algumas – descerra um véu à nossa curiosidade sobre aquele meado do século XVI (que foi o tempo de Camões). Mas quantas perguntas ficam por responder! Que havia dentro daquelas casas, nas divisões de habitação, nos cobertos, nas adegas, até nos currais? Que se cultivava nos campos? Como se deslocavam as pessoas? Como se vestiam? Como se calçavam? Etc.

As casas de Balasar que vêm sumariamente descritas no Tombo de 1542 eram semelhantes às de outras freguesias rurais próximas, como o confirmam alguns tombos do mesmo século.

O casal do assento de Gondifelos, onde já havia duas casas-torres, apresentava condições um pouco melhores que o de Balasar. Copiamos do mesmo tombo balasarense de 1542:

> Título do casal do assento da Igreja de Gondifelos que ora traz Martim Anes e Domingos Martins.
> No assento do casal estão estas casas que se seguem, convém a saber, *uma casa-torre, telhada*, que tem o abade.
> *Outra casa-torre* em que vive o caseiro Martim Anes.
> Entre as torres *uma casa colmaça.*
> *Uma cozinha telhada com seu alpendre.*
> *Uma corte de ter gado*, que tem três cortes em si.

Viatodos (concelho de Barcelos) fez tombo novo em 1548; transcrevem-se descrições de duas das várias casas que lá vêm medidas:

> Título do casal de Palmeira que ora possui João Anes e Gonçalo Álvares, de que tem prazo Simão Freire.
>
> Item, primeiramente *um lanço de casas terreiras que servem de cozinha, celeiro, palheiro e currais, tudo colmado, somente um pedaço telhado, e por dentro são repartidas*, que todas têm de nascente ao poente trinta e quatro varas e de ancho quatro, e partem do sul com caminho público e do nascente entestam com uma corte de gado da herdade do dito Gonçalo Álvares, caseiro, e do norte e poente com herdade do dito casal da igreja.
>
> Item, defronte das ditas casas para norte, *outra casa*, em que ora vive o dito João Anes, convém a saber: *uma cozinha telhada* e no outão do nascente *um celeiro colmado, tudo terreiro*; encostada à dita cozinha, da banda do sul, *uma ante-casinha*, que tudo tem do nascente ao poente quinze varas e de ancho, na testada do nascente, quatro varas e palmo, e do poente, de testa, cinco varas e meia, e do nascente entestam com uma corte de gado de herdade do dito João Anes, caseiro, e do norte com herdade de Madanela Álvares e das mais partes com a dita igreja.

Ao contrário de Balasar, onde só havia telha na residência paroquial (e nas igrejas), em Viatodos há divisões de casas telhadas – certamente as divisões de habitação – ao menos em parte, com destaque para as cozinhas. Esclarecedor que nalguns tombos se dê a medição das casas, o que não aconteceu em Balasar. Algumas delas têm dimensão assinalável.

A paróquia de Balasar possuía bens em Gondifelos, mas Viatodos possuía-os em diversas freguesias. O caso seguinte é de Esmeriz, V. N. de Famalicão:

> Título do casal dos Casais, sito na freguesia de S. Pedro de Esmeriz, em que ora vive António Fernandes. Primeiramente *uma casa cozinha e celeiro, por dentro repartidos, terreiros e colmados*, que tem do norte ao sul dezassete varas e de ancho seis varas e defronte para o nascente *outro lanço de casas e cortes*, que tem do norte ao sul doze varas e de ancho três, e derredor das ditas casas estão *pardieiros descobertos* e de todas as partes partem com herdades do dito casal.

Não há telha nem primeiro andar.
Bagunte renovou o tombo em 1558. Como em Viatodos, se havia já por lá telha, abundava ainda o colmo. As casas também foram medidas.

> Item, o Casal de Vilar em que vive Pedro Martins.
> Item, *a casa do caseiro, telhada*; tem o vão de dentro dela sete varas de comprido e de largo quatro varas.
> Item, *outra casa, a metade telhada e outra metade colmaça*, e tem de comprido sete varas e de largo quatro varas.
> Item, *uma corte de gado colmaça* que tem o vão dela quatro varas de comprido e três varas de largo.
> Item, *outra corte de gado colmaça* que tem de comprido catorze varas e de largo quatro varas.
> Item, *outra casinha nova colmaça* que tem de comprido quatro varas e três de largo.
> Item, *uma loja* do dito Pedro Martins que tem cinco varas de comprido e cinco de largo.

Item, *uma torre*[102] que está em cima da loja do dito Pedro Martins que tem de comprido cinco varas e outras cinco de largo e é telhada.

Item, *outra casa cozinha colmaça* que tem de comprido seis varas e quatro de largo.

Item, *outra casa colmaça que serve de palheiro* e tem sete varas de comprido e quatro de largo.

Item, *outra corte de gado colmaça* que tem de comprido quatro varas e de largura três varas.

Item, *outra casa colmaça de gado* que tem de comprido sete varas e de largo quatro varas.

Finalmente, do Tombo de Argivai, renovado em 1589, a descrição das casas dum casal:

Título do assento desta Igreja de Argivai que possuem caseiros.

Item, primeiramente, *uma casa-torre, telhada, com seus currais para gado*, a qual possui Gonçalo Gomes.

Item, *outra casa-torre, com suas casas de gado* pegadas a ela, que possui João Pires, a qual casa é *telhada*.

Item, *outra casa térrea telhada*, com seus currais, que possui Manuel Brás.

Assinalam-se duas casas-torres e todas as casas de habitação eram telhadas (os currais não o deviam ser). Mas Argivai fica muito perto da Póvoa e Vila do Conde e o tombo é posterior ao de Balasar em quase 50 anos.

---

[102] Casa com primeiro andar.

AS FILHAS DO ABADE MANUEL GONÇALVES

1. Margarida Vaz e Joana Manuel

Das filhas do abade Manuel Gonçalves, sabe-se que a Margarida Vaz nasceu cerca de 1535 e que faleceu em 1610 e que a Joana Manuel, que deve ter nascido pouco depois da irmã, terá falecido cerca de 1595. Ambas casaram com pilotos, isto é, com homens ligados ao comércio ultramarino. Margarida Vaz casou com Gomes Carneiro (c. 1525-1602) e Joana Manuel com Gaspar Pires[103], o Ouro (o casamento teve lugar cerca de 1566). Em 1586, Joana Manuel era viúva.

Os descendentes de Joana Manuel terão perdido cedo a propriedade dos haveres que possuíam em Balasar enquanto os de Margarida Vaz os mantiveram na sua posse. Desta é que se originam os Carneiros da Grã-Magriço.

---

[103] "O contrato de dote de casamento celebrado entre Manuel Gonçalves, abade de Balasar, e Gaspar Pires, piloto, casado com sua filha Joana Manuel", foi registado em 4 de Abril de 1566. Joana Manuel fez testamento antes de Agosto de 1575.

No tombo de Viatodos, de 1548, ocorre um vila-condense de nome Gaspar Pires, piloto. No mínimo devia ser familiar do marido de Joana Manuel.

2. Gomes Carneiro

Gomes Carneiro está abundantemente documentado em Vila do Conde. Além da provável actividade de piloto, interveio na política local, exercendo diversos cargos municipais, como se deduz destas anotações retiradas de documentos vila-condenses:

1568 – É eleito para um cargo municipal.
1573 – É almotacé.
1575 – É eleito vereador; contrato dele com o cunhado Gaspar Pires, o Ouro, relativo a umas propriedades em Balasar.
1580 – É rendeiro da Igreja de Góios, Barcelos; capitão da gente do mar na ausência do capitão dela; eleito lançador e repartidor das sisas.
1581 – É juiz eleito.
1585 – Abona uma fiança; é eleito capitão da gente do mar.
1586 – É almotacé para o último trimestre do ano.
1587 – Pretende arrendar a Igreja de Gondifelos e sua anexa; é recebedor e depositário das sisas das herdades.
1588 – É juiz eleito.
1593 – É novamente juiz eleito.
1596 – Gomes Carneiro e mulher são fiadores dum mercador.
1597 – É eleito, como vereador mais velho, capitão-mor da gente de guerra da vila.
1598 – É almotacé para o terceiro trimestre.
1600 – É eleito vereador suplente; e em Dezembro juiz para o ano seguinte.
Gomes Carneiro e a esposa devem ter sido pessoas abastadas.

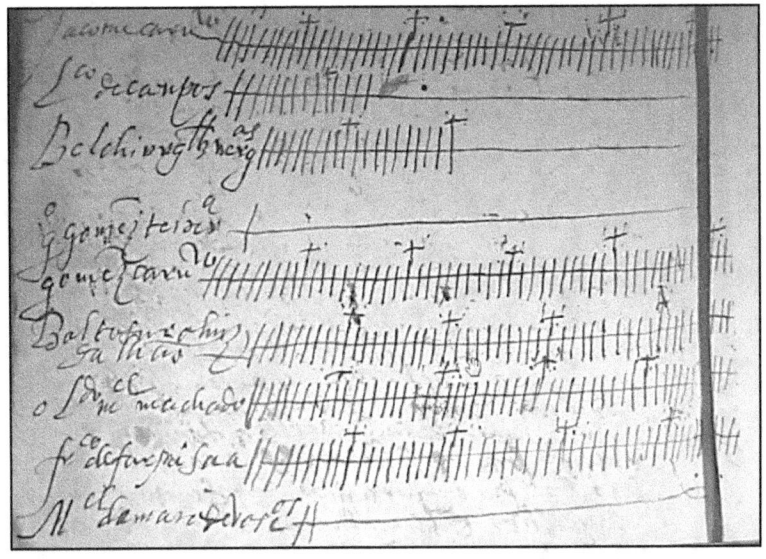

Neste registo da votação de 26 de Dezembro de 1600 o quinto candidato a contar de cima (ou de baixo) é Gomes Carneiro e obtém larga percentagem de votos.

3. A cruz processional

Balasar possui uma cruz processional que vem do século XVI, quem sabe se ainda do tempo do abade Manuel Gonçalves ou até do de João Rodrigues. É semelhante à chamada cruz de Formariz que existe em Vila do Conde. Algumas paróquias próximas possuem custódias do mesmo século[104].

---

[104] A fotografia desta cruz já saiu no Boletim Cultural e cremos que noutras publicações da sede do concelho. Saiu também no nosso *Até aos Confins do Mundo*.

Foi na segunda década do século XVI que se introduziu na agricultura o cultivo do milho, que deve ter proporcionado renovada rentabilidade aos

Cruz processional.

Fonte: FERREIRA, José – *Até aos Confins do Mundo*, **Póvoa de Varzim, 2007.**

agricultores. Fala-se mesmo da revolução do milho. Mais que o comércio com o Oriente e com os povos do norte da Europa terá sido este cereal que melhorou a vida dos grupos populares, que puderam assim investir um pouco mais nas suas alfaias litúrgicas.

140

LOCALIZAÇÃO DA DESAPARECIDA IGREJA DE GRESUFES

1. A antiga Igreja Paroquial de São Salvador de *Gresufe* no Tombo de 1542

A Igreja Paroquial de São Salvador de Gresufes é mencionada no Tombo de 1542 ao fazer-se a delimitação de três propriedades. Estas ficavam no lugar de Além, mas pertenciam a um "casal de *Gresufe*", certamente uma casa de lavoura que era de alguém do lugar de Gresufes ao tempo em que mandou edificar a igreja. Recorde-se do tombo:

> Pegado com São Salvador, um campo todo tapado e valado sobre si: parte da parte do mar com a *igreja* e cortelho da mesma *igreja* e do norte com caminho e da terra com Campo da Eira e do vendaval com Landim; tem de comprido setenta e oito varas e de largo setenta varas; levará de semeadura dez alqueires.
> Pegado com a mesma *igreja*[105], um cortelho tapado e valado sobre si; tem de comprido sessenta e sete varas e de largo vinte e sete varas; leva de semeadura três alqueires e meio; e parte da terra com Searas e do norte com ca-

---

[105] Uma vez que a igreja se situava a nascente do ribeiro, isso contradiz logo a ideia popular de que ela ficasse nas proximidades da casa da Tinta.

minho e do mar com ribeiro de Oucela e do vendaval com o valo do moinho e terra de Landim.

O Cortelho que se chama da Searinha, todo tapado e valado sobre si; tem de comprido noventa e cinco varas e de largo trinta e cinco varas; leva de semeadura dois alqueires e meio; parte do vendaval com caminho da *igreja* e do mar com ribeiro da Oucela e da terra com a Vinha da Seara e do norte com Vinha do Abade.

Panorama de Além. A seta ao lado esquerdo da fotografia indica a localização da antiga Igreja Paroquial de São Salvador de Gresufes.

Por São Salvador entende-se Igreja de São Salvador de Gresufes; os pontos cardiais, já se sabe, são identificados respectivamente como norte, vendaval (sul), terra (nascente) e mar (poente). O caminho que fica a norte do primeiro campo e do cortelho da igreja e a sul do Cortelho da Searinha corresponde à actual rua que vai de Vila Pouca para Além. O ribeiro de Oucela é o ribeiro que vem das Boucinhas por Gresufes para o rio Este. A palavra Landim refere-se a terras foreiras ao Mosteiro de Landim.

Para o balasarense de hoje, é a delimitação do Cortelho da Searinha que mais imediatamente garante a localização da antiga Igreja de São Salvador de Gresufes: ele ficava *a nascente do ribeiro, a norte do caminho da igreja e a sul da Vinha do Abade.* Ora este último nome continua ainda hoje em uso. O Cortelho da Searinha uniu-se à Vinha da Seara fazendo assim hoje um largo campo.

É importante verificar que o cortelho do segundo parágrafo transcrito ficava a nascente do ribeiro e poente da igreja[106].

2. No Tombo da Comenda de 1830

Ao tempo do Tombo da Comenda de 1830-1832, deveriam estar ainda ao alto, ao menos em parte, as paredes da antiga Igreja Paroquial de Gresufes. Vejam-se porém as "medições" dos prédios que nesta data correspondem aos de 1542 já transcritas.

Aquele campo sem nome onde ficava a igreja é agora o Campo da Oliveira de São Salvador:

> Item o Campo da Oliveira de São Salvador no mesmo lugar de Além que sendo medido do nascente ao poente, pelo lado norte, junto do caminho que vai para a igreja fazendo um cotovelo de fronte da entrada do caminho que vai para o Campo da Searinha, tem oitenta e seis varas; do norte ao sul pelo poente tem oitenta e duas varas; do poente ao nascente pelo sul tem setenta e duas varas; e do sul ao norte pelo nascente tem noventa e uma varas e meia.

---

[106] Depois de termos identificado a localização da igreja de Gresufes, uma balasarense nascida na casa do antigo assento contou-nos que o pai dela de facto falava da existência duma igreja naquele lugar.

143

Parte do norte com o caminho que vai para a igreja, do poente com o Campo do Ribeiro deste mesmo casal, que possui Manuel Francisco Malta, e pelo sul parte com o Campo dos Valacos, do casal de Vila Pouca, que possui António da Costa Raposo; pelo nascente parte com o primeiro assento deste casal, que possui António Domingues. Levará de semeadura doze alqueires de centeio. Tem árvores de vinho em volta e possui-o o caseiro António Domingues.

Quer em 1542 quer em 1830, é mencionado um moinho no ribeiro que vem de Gresufes para o Este, muito próximo de onde ficava a igreja. Esta mó existente em Além serviu com certeza nesse moinho.

O Campo do Ribeiro cuja medição se segue era o antigo Cortelho da Igreja:

Item o Campo do Ribeiro, circundado sobre si, no mesmo lugar de Além, que sendo principiado a medir junto do caminho que vai para a igreja, tem de comprido pelo lado do nascente oitenta varas, pelo poente tem oitenta e nove varas, de largo pelo norte tem trinta e cinco varas, pelo sul tem trinta varas.

Parte pelo nascente com o Campo da Oliveira deste mesmo Casal, que possui António José Domingues, pelo poente parte com ribeiro, pelo norte parte com caminho que vai para a igreja e pelo sul parte com o Campo chamado da Água, foreiro ao Mosteiro de Landim, que possui Manuel Francisco Ferreira. É terra lavradia com árvores de vinho e dentro tem um moinho. Levará de semeadura quatro alqueires de centeio e possui-o Manuel Francisco Malta.

Por fim, o Campo da Searinha era o antigo Cortelho da Searinha embora a medição não condiga:

Item o Campo da Searinha no mesmo lugar de Além, lavradio, com uveiras por todos os lados à excepção do norte, o qual medido do norte ao sul pelo lado do nascente tem dezoito varas, e do nascente ao poente pelo norte tem setenta e sete varas, e do poente ao nascente pelo sul tem setenta e nove varas.
Parte do nascente com o caminho da serventia para os campos desta Comenda e do norte parte com o Campo da Vinha do Abade, que antigamente se chamava a Vinha Velha deste casal e com a Vinha do Caseiro que antigamente se chamava o Cortelho do Pevidal do casal de Vila Pouca desta Comenda, que possui António da Costa Raposo, do poente parte com o ribeiro, e do sul parte com o caminho que vai para a igreja. Levará de semeadura quatro alqueires de centeio e o possui o caseiro António José Domingues.

Nestas medições o "caminho que vai para a igreja" é o que vem de Além para Vila Pouca, pois por igreja entendia-se então a do Matinho.

Pela maior parte das confrontações conclui-se facilmente que que os prédios são os mesmos de 1542.

Para o presente caso, o Campo da Oliveira de São Salvador é o que mais interessa. São Salvador de facto parece continuar a equivaler a Igreja Paroquial de São Salvador de Gresufes. A oliveira deve lembrar as antigas oliveiras do adro destinadas a ajudar à manutenção da lamparina do Santíssimo; no adro de Balasar havia três[107].

Atente-se contudo que não há qualquer alusão às ruínas da antiga igreja.

3. Qual era a Casa da Igreja?

É comum haver junto das igrejas das paróquias rurais a casa da igreja, uma casa abastada que de um modo ou de outro esteve na origem do pequeno templo primitivo. Na paróquia de Gresufes, porém, como ela não foi mandada construir por alguém de Além, a questão desta casa parece menos pertinente. Todavia, corresponde ao "assento de São Salvador de Gresufe", de 1542, e é aquela que faz esquina na viragem da rua que vai do Senhor dos Aflitos para Além e da rua que de Além segue para Gresufes, a Rua dos Vicentes. A residência paroquial ficava também lá.

Não é mera coincidência que esta casa tivesse um lagar em 1542 (e ainda em 1830) possuindo um prédio rústico chamado a Vinha do Abade.

---

[107] Em 1784, do adro da Igreja de Gondifelos escreveu-se que "tem em sy quinze pés de oliueiras que desfrutaó os Abb.es desta Igr.a e saó obrigados a dar azeite p.a o altar do Santisimo Sacramento". E no lugar do assento da desaparecida Igreja de S. Marinha de Vicente havia um pequeno olival. Também no adro de Arcos havia uma oliveira.

Aconteceu por vezes que os donos da "casa grande" da igreja ascenderam à nobreza. Este Casal de Gresufes, antes de 1830, foi vendido por uma Ana Maria, mulher de Joaquim Francisco Junqueira, da freguesia de Macieira da Maia, a três balasarenses, António José Domingues, Manuel Francisco Malta e António da Costa Raposo, ficando assim dividido e disperso o conjunto original de propriedades e impossibilitando o surgimento de alguém muito abastado.

Era aqui, a alguns metros da rua, no Campo da Oliveira de São Salvador (1830), que ficava a antiga Igreja de Gresufes. A oliveira que se vê à esquerda não deve estar ali por mero acaso. A casa por trás dela era a do assento da Igreja (1542).

4. Quando foi demolida a Igreja de Gresufes?

O Sr. António Machado, que era de Gresufes como a sua mãe e avô materno, num apontamento que temos connosco reconhece que em Balasar se desconhecia a localização da igreja daquela antiga paróquia[108]. O caso já mencionado duma senhora que, depois de a localizarmos, nos disse que de facto o seu pai identificava o lugar em que ela ficava devia ser no mínimo raro.

Isso faz supor que a igreja nem teria sido demolida há muito tempo, senão todos desconheceriam a sua localização, nem teria sido demolida em tempos muito recentes, senão haveria conhecimento mais geral dela. Em nosso entender, tal demolição deve ter acontecido após a remissão dos foros da Comenda de Balasar, antes de 1870. Nessa altura já só deviam restar algumas ruínas. O Tombo de 1830 não fala explicitamente desta igreja, mas tal não implica que as ruínas não existissem.

Recorde-se que a *Grande Enciclopédia Portuguesa e Brasileira* afirmava a localização dela em Além.

5. Breves considerações sobre um fragmento duma planta topográfica de 1918

Coloca-se a seguir um fragmento duma planta topográfica de 1918 destinada à modernização da actual Rua do Senhor dos Aflitos (ela a meio muda de nome), que até então era um caminho tortuoso e estreito.

À direita, junto ao antigo caminho, identifica-se uma azenha e, abaixo, o "Regato da Levada"; na extremidade oposta, indica-se o "Lugar de Além".

Com os números de 1 a 3, pretendemos localizar:

1 – A antiga Igreja de São Salvador de Gresufes;

2 – O Campo do Ribeiro, dividido da igreja por uma linha de água;

3 – O Campo da Oliveira de São Salvador.

---

[108] Nesse apontamento diz-se que "apareceram túmulos num campo pertencente à Casa Oliveira, de Além, e caveiras".

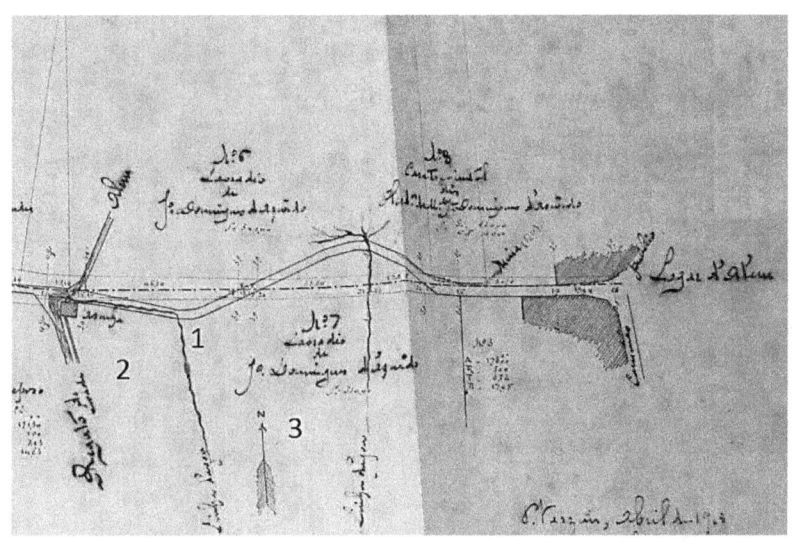

Fragmento duma planta topográfica de 1918 que mostra o traçado antigo e o traçado então projectado da rua que vai de Vila Pouca para Além e fornece ainda outras informações úteis. As duas manchas a tracejado em Além indicam casas de lavoura

CONSIDERAÇÕES FINAIS

TOPONÍMIA

1. Topónimos

Os topónimos de Balasar têm naturalmente origens muito diversas, desde actividades religiosas (Calvário, Campo da Oliveira de S. Salvador, Cruz, Outeiro, Vinha do Abade), antropónimos (Balasar, Escariz, Gresufes, Gestrins, Telo), particularidades geográficas ou geológicas (Alto de Serra, Alto de Trás da Serra, Bouça do Seixo, Fontainhas, Fontela, Lousadelo, monte Longo, Monte Tapado, Montilhão, Terra Ruim, Vale de Areia, Vale Grande, Vau) a razões vagamente relativas à flora (Bouça-Velha, Campo do Trovisco, Campo da Oliveira, Gandra, Guardes e Guardinhos, Matinho), à fauna (Fojo, monte de Lobos), etc.

Um topónimo quase sempre levanta duas questões, uma de etimologia, sobre a origem da palavra, e outra de história, sobre como é que essa palavra se tornou nome de tal lugar. Seguem-se breves anotações respeitantes a alguns topónimos da freguesia.

Agra – Os documentos dão conta de várias agras em Balasar, divididas nas respectivas leiras: Agra do Casal, Agra dos Feães[109], Agra da Fonte, Agra de Pedro, Agra de Valacos, Agra do Rorigo, Agra de Revelhe e Agra de Vila. Este nome remete para uma forma antiquíssima de propriedade

---

[109] Sem dúvida por erro, no Tombo da Comenda, a esta agra, chamaram-lhe Agra dos Feijões.

153

rural. As agras ficavam em "áreas baixas e irrigadas, propícias ao cultivo do cereal e em especial do milho-miúdo".

Agrelos – Como agra, Agrelos tem origem no vocábulo latina *ager*, que significa campo.

Aguiar – Palavra que ocorre na expressão Seixos de Aguiar e que deriva de águia.

Além – Além é um advérbio que ocorre frequentemente como topónimo. Não é fácil determinar o ponto a partir do qual o topónimo balasarense se diz *além*. Seria Gresufes? Seria Feães? Seria Vila Pouca?

Belibosa – Em 1729, esta palavra ocorre como topónimo e no século XIX como apelido e como topónimo do lugar de Gestrins.

Bouça-Velha – Diz-se velha, neste caso, por oposição a nova. Se as bouças novas fossem terrenos de lavradio que regressaram a bravo, então as velhas seriam as que sempre permaneceram bouça.

Casal – Ao longo do tempo a palavra casal adquiriu significados muito variados. Como topónimo, por comparação com vila, aponta para uma exploração agrícola com área relativamente limitada.

Calvário – O Pe. Leopoldino explicou que a origem deste topónimo está numas cruzes que aí houve a assinalar estações da Via-Sacra. Já ocorre no séc. XVIII[110].

Chã do Painho – Nesta expressão, a palavra chã é um substantivo e significa planura; na origem de *painho* está um antropónimo. Houve também o Outeiro do Painho.

Covilhã – Na origem desta palavra poderia estar a palavra *cova*; o resto seriam sufixos. Nas inquirições contudo encontra-se a forma *Convilhana*.

---

[110] Há um bem cuidado calvário junto à ponte da Gravateira, em Gondifelos.

Escariz – De *Ascaricis*, patronímico de *Ascaricus*, antigo nome de homem. Em 1343, registou-se a forma *Ascariz*.

Este – Nos documentos medievais em latim chama-se *Alister* ou *Aliste* ao rio que atravessa Balasar, mas também *Heste*, *Est* e até *Este*. Antigos documentos em português chamam-lhe *Deste*[111].

Eulália – A padroeira de Balasar é a jovem santa de Mérida. Como noutros lugares, também em documentos relativos a esta freguesia o seu nome se encontra sob a forma de Ovaia e Olaia. Etimologicamente, Eulália significa bem-falante.

Farelães – Palavra originada de um provável nome gótico *Farila*, de que se terão formado sucessivamente *Farilanis, Farlanes* e por fim *Farlães*. Farelães origina-se numa falsa relação com *farelo*. A forma oficial desta palavra é hoje Fralães.

Fareleiro – Para este topónimo, há as formas Fareleiro e Faroleiro (que deve ser errada). Suspeitamos que este topónimo corresponde à palavra Faleiro das Inquirições de 1343. Em Macieira de Rates há a Fareleira.

Felgueira – Felgueira ocorre no topónimo monte da Felgueira; como substantivo comum significa o mesmo que felga.

Fojo – Fojo é uma cova; na expressão fojo do lobo designa uma armadilha mais complexa. A palavra ocorre ainda com outros significados.

Fontainhas – Deriva de *fontana* (fonte); é forma diminutiva. Nas ocorrências mais antigas, a palavra surge sempre no singular e até no masculino. De notar que em Arcos se conhece o topónimo Fontão, forma aumentativa, e também o lugar da Fontainha.

Fontela – Outro diminutivo originado de *fonte*.

---

111 Na Espanha existe um rio Aliste.

155

Gandra – Designa uma terra agricolamente pobre, com uma flora rasteira, o que os documentos parecem confirmar em Balasar. É palavra que ocorre frequentemente como topónimo.

Gestrins – O vocábulo Gestrins parece ter uma formação paralela à de Martins, que se origina de Martim, que por sua vez vem de Martinho. Haveria então na origem um *Gestrinus* ou talvez *Agistrinus* (Gestrinho); ao seu filho chamar-se-ia *Gestrim* e ao neto Gestrins. Das várias formas medievais desta palavra a mais comum é *Agistrim*. Desconhece-se quem tenha sido tal *Agistrinus*.

Na Idade Média, havia Gestrim de Cima e Gestrim de Baixo e havia seis casais de Gestrim. Sendo assim, Gestrins é provavelmente uma forma de plural[112]. No séc. XVII, o reitor João da Silva ainda escrevia Gestrim.

Granja – Embora seja palavra que na actualidade não tem aplicação toponímica em Balasar, as inquirições conheciam duas granjas, uma das quais correspondia à Casa da Gandra.

Gravateira – Este topónimo, cuja etimologia ignoramos, ocorre na delimitação de Balasar com S. Félix de Gondifelos e Santa Marinha de Vicente nas expressões monte da Gravateira e fonte da Gravateira.

Guardes e **Guardinhos** – Defendem uns que o étimo destas palavras é *cardo*[113], outros que a sua origem está na palavra germânica "gards", *horto*[114]. De facto, a forma original seria

---

[112] No vizinho Outeiro Maior houve uma vila medieval chamada Gacim. No lugar, hoje, conhecem-se os campos de Gacins. No uso desta palavra parece ter ocorrido uma evolução semelhante à de Gestrim. O mesmo se terá passado com o nome do lugar de Irpins, em Arcos.

[113] Etimologia proposta por Pedro Augusto Ferreira na sua *Tentativa Etymologico-Toponymica*, 3.º vol., pág. 441.

[114] A. de Almeida Fernandes, *Toponímia de Ponte de Lima*, pág. 126.

156

talvez Gardes e Gardinhos, como ainda escrevia um pároco no séc. XVII. Em 1343, escreveu-se Grades. A forma mais antiga conhecida de Guardes é *Gardas* e de Guardinhos *Guardias* (Guardinhas). A "Póvoa de Gardes", de 1343, pode ter resultado da iniciativa do juiz de Faria. A mesma etimologia vale para Guardais.

Matinho – É um diminutivo derivado de *mato*.

Monte do Xisto – Na freguesia contam-se vários montes; um deles é o monte do Xisto.

Monte de Lobos – Monte de Lobos não fica muito longe dos Seixos de Aguiar, dois topónimos que enviam para tempos antigos, pois ainda recordam lobos e águias.

Muinho do Cubo – Várias actas da Câmara Municipal falam do *Muinho* do Cubo quando se referem a uma ponte sobre aquele ribeiro que divide as Fontainhas do Cubo. Também escrevem *Munho*. Ambas são variantes populares de moinho. Cubo pode ser a "conduta de água para o moinho ou mesmo a sua represa".

Pedra Negra ou **Pedra do Couto** – Marco que divide Balasar de Rates e Arcos. Quando se dizia Pedra do Couto, entendia-se Couto de Rates. Havia outra Pedra Negra, a nascente da freguesia, onde Balasar se juntava com Gondifelos e Cavalões (também havia um Penedo Branco).

Remestilha – Esta palavra, que originalmente devia ser alcunha[115], ocorreu no século XIX como topónimo na saída de Vila Pouca para Gresufes.

Revelhe – Conhecem-se pelo menos o Outeiro de Revelhe e a Agra de Revelhe, ambos a norte da Quinta de D. Benta, próximos da rua que vai para Feães.

---

[115] Já no século XVII, era conhecido um Remestilha em Vila Pouca.

Numa acta camarária relativa a aforamentos ocorre o nome Maria Remestilha, solteira.

São Paio – São Paio é uma pequena elevação de terreno nos limites de Balasar com Gondifelos, próxima de Penices.

Serra da Covilhã, Serra das Pedreiras – Como em Rates, onde se fala da Serra de Rates, que não passa dum pequeno monte, também em Balasar a palavra ocorre com este significado.

Seixo Branco – Em terra de xisto, impressionava as pessoas que nele houvesse incrustações de pedra branca (quartzo). Estes seixos brancos serviram nalguns casos de marcos.

Telo – Deriva de *tellus* (terra) e tem a mesma origem que o apelido Teles. Embora no séc. XVIII o Telo já fosse muito povoado, não há ocorrências medievais do nome do lugar.

Terra Ruim – "Antítese de Terra Boa". Nas "medições" dos antigos documentos fala-se de "ruim terra" para significar terra pouco produtiva.

Tinta – Antigo lugar de Gresufes.

Traquinada – Este nome, hoje só conservado na expressão ponte da Traquinada, ocorre num assento paroquial como apelido de homem.

Trás-da-Serra – A sul da Terra Ruim há o Monte das Pedreiras; mais a sudoeste ainda, fica Trás-da-Serra. A palavra *serra* ocorre na zona integrada em nomes de campos (Campos-Serra) [116].

Vale Grande – Como a acidentada parte da freguesia a sul desce em direcção ao rio, é natural que aí se encontrem vales, uns maiores outros menores. Vale Grande fica a sudeste e acaba em Gresufes. Há ainda os vales da Areia, da Tia, do Maiato, de Flores e do Preto.

Vau – Vau diz-se do lugar do rio onde, ao menos em certos períodos do ano, se pode fazer a travessia a pé, sem necessidade de barco nem de ponte.

---

[116] No lugar, em vez de Trás-da-Serra, falaram-nos de Trás-Serra.

Vila Nova – Vila Nova dever-se-ia dizer por relação a Vila Pouca, que seria anterior.

Vila Pouca*ila* (vila rústica) designava uma grande quinta; *pouca*, por sinal, deve significar *pequena*. Mas como esta pequenez se diz por relação a uma área muito grande, também a Vila Pouca ocuparia uma superfície agrícola não desprezável.

Nos documentos ocorrem outros topónimos que entretanto se perderam, outros que se mantêm: Alto de Trás da Serra, Artal Meão, Bouça Alegre, Bouça da Gracia, Bouça do Sobrado, Bouça do Vale, Bouças da Tripa do Meio, Bouças-Velhas do Fojo, Campo da Água, Campo da Lagoa, Campo da Oliveira de S. Salvador, Campo da Revolta, Campo do Cotorno, Campo do Trovisco, Cangosta de Cavaleiros, Currial, Curucânio, Faleiro, Leira da Revolta, Leira da Senra, Leira das Penas, Leira de S. Pedro, Leira do Fareleiro, Leiras dos Cortelhos, Leiras Longas, lugar da Porta, monte do Arroio, monte Longo, Paniçais, Ribeiro de S. Salvador, sítio do Trovisco, Souto, Troitomiro, Vinha da Porta, Vinha do Abade, etc.

2. Lugares

Não sabemos hoje bem quais os lugares que pertenciam à paróquia de Gresufes e quais os que então pertenciam à de Balasar, mas podemos imaginar que a Gresufes se juntassem Além, Vila Pouca, Vila Nova e Outeiro. A Balasar pertenciam Escariz, Matinho, Lousadelo, Gandra, Casal, Gestrins, Telo, Guardes e Guardinhos.

As Memórias Paroquiais de 1758 apresentam uma lista de lugares que já assinala os mais relevantes da actualidade, com excepção das Fontainhas. São treze, "a saber: Gandra, e este tem oito fogos; Gresufes, tem dezasseis fogos; Vila Nova, tem nove fogos; Além, nove fogos; Vila Pouca, quinze fogos;

Escariz, nove fogos; Igreja, oito fogos; Pousadela, dezoito fogos; Casal, trinta e dois fogos; Telo, vinte e seis fogos; Gestrim, cinco fogos; Guardes, três fogos; Guardinhos, cinco fogos".

Pousadela há-de ser Lousadelo. Nos assentos paroquiais o Pe. António da Silva e Sousa, autor das memórias, escreve sempre a palavra como Lousadelo.

É normal que alguns lugares se extingam (Tinta, Boucinhas, Azenhas), que outros surjam (caso por exemplo da Cruz, Calvário, Fontainhas, Cubo, Bouça-Velha, Caminho Largo, Fontela...)

O Pe. Leopoldino assinala 24 lugares na freguesia, incluindo neste número a Tinta.

Um desdobrável da Junta de Freguesia conta 23: seis a norte do Este: Fontainhas, Gestrins, Guardinhos, Quinta, Telo e Vau; dez a sul, mas a poente da estrada que vai da Igreja para Fradelos: Bela, Bouça Velha, Calvário, Caminho Largo, Casal, Cruz, Fontela, Lousadelo, Monte Tapado e Terra Ruim; e sete a nascente da mesma estrada: Além, Escariz, Gandra, Gresufes, Matinho, Outeiro e Vila Pouca.

Ignora Guardes, a Covilhã, Agrelos e Vila Nova.

Nas inquirições é referida a criação de casais e as dificuldades que os novos moradores enfrentavam devido às malfeitorias dos mordomos. Fala-se até duma póvoa, um novo povoamento junto a Guardes.

Parece que o primeiro passo para povoar uma área erma seria verificar a existência de fontes. De facto, em tempo em que não havia poços, elas eram indispensáveis e é comum encontrá-las próximo das casas rurais mais antigas.

3. Marcos originais

A delimitação de Balasar segundo o Tombo de 1542 não conhece marcos artificiais destinados a fixar as confrontações da freguesia. Vê-se que originalmente foram tomadas para o efeito algumas pedras preexistentes, acidentes naturais como cumes de montes, linhas de água, uma fonte, etc.

A perenidade das pedras parece que impressionou os povos antigos. A toponímia e os documentos conhecem muitas não distantes de Balasar: Pedra Furada, Pedra Aguçadoura, Pedra Fita ou Perafita (em Macieira e Cavalões), Pedra Pensadoira (em Bagunte), Pedra do Casal (em Moldes, Arcos), Seixo e Pedra Lara (em Rio Mau), Pedra Lata (em Negreiros), Pedras Ruivas (em Fradelos), Pedralva (em Parada), etc.

Em Balasar, em parte pelas peculiaridades da rocha local, também se conhecem muitas pedras valorizadas pela tradição, quase todas já referidas: a Pedra do Couto, que era uma Pedra Negra, uma segunda Pedra Negra a nascente da freguesia, a Pedra Curveira, as Pedras Brancas, os Seixos Brancos de Aguiar, um outro seixo branco.

A delimitação primitiva da freguesia respeitou algumas delas: já lá estavam e já eram veneradas quando ela se criou.

Também as mamoas foram respeitadas e por isso foram tomadas como pontos indiscutidos.

Chamamos-lhes marcos originais.

161

APÊNDICE DOCUMENTAL

1. Título do Casal de Vila Pouca em que vivem Pêro Gonçalves e Rodrigo Fernandes *(Tombo de 1542)*

No século XVI o mundo rural era muito diferente do de hoje, e é por isso que colocamos aqui mais dois "títulos" do Tombo de 1542. Embora os campos fossem necessariamente os mesmos, o que neles se cultivava pouco teria a ver com o que se cultiva actualmente.

Primeiramente, uma casa colmaça em que vive Pêro Gonçalves.
Uma latada toda arredor desta casa; levará três homens de cava.
Três casas colmadas *(sic)* de ter gado.
Abaixo destas latadas, um cortelho; levará de semeadura dois alqueires e tem três ou quatro macieiras; tem de comprido trinta e cinco varas e de largo catorze varas; parte da terra e norte com caminho e do mar com latada e do vendaval com campo da Eira.
Outra casa em que vive Rodrigo Fernandes, colmaça, e junto com ela um palheiro.
Duas cortes colmaças de ter gado.
Duas eiras com um coberto e com estas eiras e casas um campo que se chama da Eira, todo tapado e valado sobre si; parte do mar com caminho e de todas as outras partes com terra do mesmo casal; tem de comprido noventa e duas varas

e de largo setenta e oito varas; levará de semeadura quinze alqueires.

O campo do Cortinhal, todo tapado e valado sobre si; tem de largo setenta e sete varas e de comprido oitenta e oito varas; leva de semeadura quinze alqueires; parte do mar com caminho e do vendaval com casas e terras de Landim e da terra com ribeiro de Oucela e do norte com campo da Eira do mesmo casal.

Pegado com as cortes de gado deste casal, uma figueira e certas macieiras.

Na Agra de Pedro uma leira que se chama Enxurreira; tem de comprido noventa e quatro varas e de largo dez varas; leva de semeadura dois alqueires; parte do norte com leira de Escariz e do vendaval com Farelães e da terra com eiras de Landim e da quintã de Feães.

Na mesma leira outra leira que se chama Bacelo; tem de comprido cento e vinte e uma varas e em largo onze varas; leva de semeadura três alqueires e parte da terra com ribeiro de Oucela e do vendaval com leira de Santa Vaia de Rio Covo e do norte com o mesmo Rio Covo e do mar com leira da Enxurreira.

Um campo que se chama a Lagoa, todo tapado e valado sobre si; levará de semeadura dez alqueires; parte do norte com rio Este[117] e da terra com leira de Landim e do vendaval com caminho e do mar com ribeiro de Oucela.

No campo da Seara uma leira; tem de comprido cento e oito varas e de largo quinze varas; leva de semeadura quatro alqueires; parte da terra com Searas de São Salvador e do vendaval com Devesa de São Salvador e do mar com leira de Landim e do norte com caminho.

---

[117] Rio *Deste* no original.

Na Agra do Rorigo, uma leira que tem de comprido cem varas e de largo dezoito varas; leva de semeadura três alqueires; parte do norte com Santa Vaia de Rio Covo e do mar e do vendaval com Landim e da terra com caminho.

Na mesma agra uma leira que tem de comprido oitenta e uma varas e meia e de largo vinte e cinco varas; parte do vendaval com outra leira e do mar com Landim e do norte com Chavão e da terra com caminho; leva de semeadura cinco alqueires.

O campo da Fonte, todo tapado e valado sobre si, e tem dentro uma leira que é de Landim que tem de comprido vinte e nove varas e de largo cinco varas e jaz abaixo do meio; levará este campo todo seis alqueires e tem todo de comprido noventa e nove varas e vai para norte em língua, cada vez mais estreito, e no mais longo tem oitenta varas; parte do vendaval com cortelho de Farelães e do mar com caminho e da terra e norte com ribeiro de Oucela.

Um campinho que se chama da Enxurreira, todo tapado e valado sobre si; tem de comprido *(ilegível)* quarenta e uma varas e de largo vinte e duas varas; parte do mar com caminho e do vendaval com Chavão e da terra com Devesa da Igreja e do norte com Farelães; leva de semeadura três alqueires.

O campo do Moinho, todo tapado e valado sobre si; tem de comprido setenta e três varas e de largo oitenta e três varas; parte do vendaval com vinha de Landim, e faz um arco, e do mar com Landim e da terra com a Vinha das Searas e ribeiro de Oucela e do norte com Landim; levará de semeadura seis alqueires e tem dentro a um canto uma pequena da vinha.

Na Agra dos Valacos uma leira; tem de comprido oitenta e sete varas e meia e de largo dezanove varas; leva de semeadura três alqueires; parte do norte e do mar com Landim e da terra com campo das Searas e do vendaval com leira deste mesmo casal que anda por de escambo; leva de semeadura sete alqueires.

Pegado com esta leira que anda de escambo com outra leira que jaz ao portelo do Lenteiro, que é de Landim; tem esta leira de comprido oitenta e três varas e de largo doze varas; levará de semeadura dois alqueires; parte do vendaval com leira de Santa Vaia de Rio Covo e do norte com a mesma leira de Além e do mar e da terra com Landim.

Uma leira de vinha que se chama a Vinha Velha; leva de cava três homens; parte do norte com Vinha de Landim e da terra com ribeiro de Oucela e do vendaval e mar com caminho da cangosta de São Salvador.

Outra leira de Vinha; leva de cava dois homens; parte do mar com Landim e do norte com campo da Enxurreira e da terra com ribeiro de Oucela e do vendaval com Vinha Velha.

Na saída do casal, uma bouça que jaz destapada e está por valo velho e tem de largo sessenta e uma varas e de comprido cento e três varas; levará de semeadura oito alqueires.

Uma bouça grande que se chama Pateira, toda em monte, ruim terra; parte do mar com Santa Vaia de Rio Covo e do vendaval com Landim e da terra com Landim e do norte com Searas da Igreja e cortelho de Santa Vaia de Rio Covo; levará de semeadura oitenta alqueires.

Uma bouça que jaz de monte sobre Agrelos, dita do Seixo Branco do Valo; está por valo velho; levará se semeadura dois alqueires.

Uma bouça que se chama do Monte, pegada com a Fonte das Pegas, com uma vala e arriba que vai ter ao Seixo Branco das Searas; levará de semeadura quinze alqueires.

Duas valas, uma que cavou Rodrigo Fernandes e outra, João Gonçalves, abaixo da Vila[118]; levarão de semeadura sete alqueires.

---

[118] Desconhecemos de que vila se trata.

2. Título do Casal de Além em que vivem Domingos Martins e Pêro Fernandes *(Tombo de 1542)*

Nos casais referidos nestes documentos impressionam sobretudo as casas, cobertas a colmo. Nunca tinha sido de outro modo.

Primeiramente, uma casa colmaça em que vive Pêro Fernandes.

Outra casa colmaça em que está um lagar.

Duas casas de ter gado, colmaças.

De arredor da dita casa, uma latada de arredor; levará de cava meio homem.

Uma eira com pedaço de campo todo de arredor, tapada e valada sobre si; levará, afora a latada, quatro alqueires de semeadura; parte do norte com Vinha do Abade e do vendaval com caminho e das outras confrontações com a terra do mesmo casal.

O bacelo debaixo da eira, que se chama das Pereiras; levará de cava dois homens; parte do norte com a vinha e searas e da terra com campo da Eira e das outras partes com latada e casas de Domingos Anes.

Outra casa em que vive Domingos Anes, colmaça; tem dentro uma latada e algumas macieiras; levará dois homens de cava; parte do vendaval com caminho e do mar com bacelo das Pereiras e do norte e terra com casas do mesmo Domingos Anes.

Pegado com a casa, duas casas colmaças de ter gado.

Outra casa de gado pegada no outão da *(ilegível)* casa.

Um palheiro colmaço, dentro em uma eira, com um cortelho todo tapado e valado sobre si; tem aí acima, além destes quatro cortelhos tapados e valados sobre si, que traz o dito Domingos Anes e Pêro Fernandes e o da eira; leva de seme-

adura oito alqueires e logo o outro meio pegado seis alqueires, e outro pequeno e outro três, e o cortelho da Segadinha
quatro alqueires; e era todo um campo e o partiram nestas
leiras e todas estas partem do norte com caminho que vai
para São Paio e da terra com bouça do mesmo casal e do
vendaval com bouça da Devesa, que é do Rio Covo, e do
mar com Bacelo das Searas.

O campo do Lenteiro, todo tapado e valado sobre si, que
terá quatro vessadas com o monte; levará de semeadura sessenta alqueires; parte da terra com o monte e valos que cavou Pêro Gonçalves e do vendaval com o campo do Caminho, que é do casal das Searas, e com caminho e do mar
com a vinha das Pontadas.

Uma bouça que se chama do Pedraço, tapada e valada sobre
si, com o monte que tem dentro, que não dará pão; levará de
semeadura quinze alqueires; parte da terra com o monte do
Pedraço e do vendaval com a bouça da Pedra e do mar com
cortelho da Devesinha e do norte com saída.

A bouça da Peça, toda tapada e valada sobre si; tem nove ou
dez vessadas com um monte que tem dentro; levará de semeadura vinte alqueires e parte da terra com monte do Pedraço e do vendaval com o campo da Revolta de Fora e do
mar com Devesa de *Gresufe* e com leiras (a Devesa e leiras
são de Santa Vaia de Rio Covo) e com leiras de São Salvador e do norte com o campo da Devesa e cortelho que se
chama da Devesinha.

O campo da Revolta de Fora, tapado e valado sobre si por
valo velho, e tem monte que levará quatro alqueires de semeadura, e não dá pão; e o que se lavra leva oito alqueires;
parte da terra com o monte do Pedraço e do vendaval e do
mar com terra de Santa Vaia de Rio Covo e do norte com
bouça da Peça.

Na Agra do Pedro, uma leira que se chama da Ribeira; tem
de comprido cento e cinquenta varas e de largo vinte e oito

varas e parte do norte com leira de Landim e da terra com ribeiro de Oucela e do vendaval com leira de Vila Pouca e do mar com Santa Vaia de Rio Covo; levará de semeadura três alqueires.

O campo da Lagoa, todo tapado e valado sobre si; tem de largo trinta e nove varas e de comprido cento e quinze varas; leva de semeadura dez alqueires; parte do norte com rio Este e do mar com leira de Landim e da terra e vendaval com caminho que vai para o porto dos Feães e faz uma chave arredor do rio.

Na Agra de Valacos, uma leira que tem de largo sessenta e três varas e de comprido trinta e quatro varas; parte do norte com leira de Vila Pouca e da terra com Searas de São Salvador e do vendaval com leira de Vila Pouca e do mar com Landim; leva de semeadura três alqueires.

Na mesma agra, outra leira; tem de comprido sessenta e duas varas e de largo dezanove varas; levará de semeadura três alqueires; parte do norte com leira do casal de Além e do mar com Landim e do vendaval com leira que anda por de escambo com o casal de Além e da terra com Landim.

O campo de Cabedas, que tem contra o mar um pedaço de pevidal e o campo tem de comprido cinquenta e oito varas e de largo trinta e cinco varas; leva de semeadura, afora o pevidal, três alqueires; parte do mar com o campo de São Salvador e do norte com Landim e da terra com ribeiro de Oucela e do vendaval com Santa Vaia de Rio Covo.

No monte da Gravateira, uma bouça, acima da fonte que se chama da Gravateira, toda tapada e valada sobre si e está de monte; parte do mar e vendaval e da terra com o monte da Gravateira; levará de semeadura dezasseis alqueires.

No monte do Pedraço, de contra a terra, uma bouça que se tomou do monte maninho de todos os casais.

Uma bouça que está acima do caminho, que se chama a bouça da Portela; jaz de monte, toda tapada e valada sobre si; levará de semeadura cinco alqueires; parte da parte do norte com caminho e todas as outras partes com montado e terra dos casais.

A bouça de São Paio têm os casais de São Salvador e Arouca; partiram as leiras e levou Arouca a quarta parte e os casais de Além as outras três.

3. Obrigação entre Francisco João, piloto, e Bento Rodrigues de Barros (1603)

Nesta "obrigação" menciona-se a Capela do Espírito Santo. O Pedro de Barros Carneiro nela uma vez referido era neto do abade João Rodrigues, filho de Genebra Rodrigues, e foi pai de Bento Rodrigues de Barros, cujo nome se repete. Bento Rodrigues de Barros foi procurador da Câmara de Vila do Conde e almotacé. Teve interesses económicos em Rio Mau e outras freguesias um pouco distantes, mas não em Balasar. Naturalmente conheceu a família de Gomes Carneiro até porque ambos eram Carneiros.

Saibam quantos este instrumento de conserto e obrigação e amigável composição, ou como em direito melhor haja lugar virem, que no ano do nascimento de Nosso Senhor Jesus Cristo de mil e seiscentos e três anos, aos oito dias do mês de Agosto, em Vila do Conde, nas casas de morada Francisco João, piloto e morador nesta dita vila, aí em presença de mim tabelião e das testemunhas abaixo assinadas, apareceram presentes *Bento Rodrigues de Barros,* morador nesta dita vila, e por ele foi dito que à administração da Capela do Espírito Santo desta vila pertencia uma casa da morada dele Bento Rodrigues e à dita casa a serventia que tinha por detrás que vinha sair à cangosta que vai da Rua Direita *(ilegível)* para a fonte da vila e nessa posse estavam de tempo imemorial e porque agora sucedera novamente nas casas que

170

foram de Francisco de Brito Francisco João, piloto e morador nesta vila, estavam contratados na maneira seguinte: que Francisco João possa fazer um muro da altura que for necessário, o qual muro começará no canto *(ilegível)* da casa terreira que está no enxido do dito Francisco João e virá fechar à dita parede no arco da varanda dele Francisco João, da banda de fora, e haverá na saída e *(ilegível)* e debaixo do arco junto à parede da casa fará ele Francisco João uma porta fronha de tanta altura e largura que possa bem caber por ela um carro bem carregado de mato, de maneira que ficará tão larga e alta como a que ele Bento Rodrigues fez debaixo de sua varanda e terão cada sua chave da dita porta para se haverem de servir por ela todas as vezes que ele Bento Rodrigues e todas as pessoas que na dita administração sucederem lhes for necessário servir. Conservará o uso de sua casa sem ele Francisco João em tempo algum poder impedir a dita serventia, não fará ele Francisco João nunca enfiadouro *(ilegível)* da dita parede para dentro nem se taparão os arcos e estarão sempre na maneira que os agora estão e debaixo dos arcos não fará nenhuma obra e que no passadiço se guardava o que está feito por uma escritura nas notas de João Baía, João Gonçalves nesta vila, entre *Pedro de Barros Carneiro*, último possuidor da dita administração, e o dito Francisco de Brito, a qual fora feita a trinta dias do mês de Janeiro de mil quinhentos e noventa e dois anos, e a dita escritura se cumprirá como nela se contém e que a dita parede e porta a fará o dito Francisco João pela maneira atrás dita, às suas despesas e custas dele Francisco João, sem ele Bento Rodrigues pagar nem comprar coisa alguma nem ele Francisco João nem as pessoas que depois dele sucederem na dita casa poderem dizer em tempo algum lhe pertence a dita casa; e ele Bento Rodrigues por sua parte assinou de não intervir contra esta escritura nem impedir a dita parede em parte nem em todo, em juízo nem fora dele, antes se obrigou de cumprir sua obrigação e bens móveis e de raiz, havidos e por haver, e assim outorgou e o dito Francisco João o aceitou com as condições atrás declaradas, as quais todas ficou inteiramente cumprir sob obrigação de sua pessoa e bens móveis e de raiz, havidos e por haver, e assim o outorgou.

E apareceram presentes Leonor Carneira, mulher do dito Bento Rodrigues, e Ana Folgueira, mulher dele Francisco João, às quais eu tabelião li esta escritura atrás declarada e disseram que a ela davam sua outorga e consentimento assim e da maneira que pelos ditos seus maridos era concedida e outorgada e por sua parte o ficaram cumprir sob obrigação de seus bens, e assim o outorgaram.

E logo ali apareceu presente Maria Folgueira, dona viúva, moradora nesta vila, mulher que foi de António Francisco, e disse que, por também pertencer à casa de sua morada a dita serventia, disse que por sua parte era contente que ele Francisco João se pudesse tapar pela maneira antes dita e por sua parte se obrigou a não ir contra a dita e aceitava por sua parte em tempo algum que seja sob obrigação de seus bens e assim o outorgava.

E logo eu tabelião fui com as testemunhas abaixo nomeadas às casas de João Folgueira Gaio, morador nesta vila, administrador da Capela de São Miguel o Anjo, sita na Igreja de São João desta vila, onde apareceu presente o dito João Folgueira e Maria Folgueira, sua mulher, os quais disseram que também pertencia às casas cabeça da dita administração a dita serventia por estarem pegadas às casas do dito Bento Rodrigues, que por sua parte disseram que eram contentes que ele Francisco João se faça tapar e fazer a dita parede e por ter assim e da maneira que atrás fica dita e as condições desta escritura, ficaram de cumprir sob obrigação de suas pessoas e bens.

172

E assim foi outorgado e aceitado de uma e outra parte e mandaram ser feito este, estando por testemunhas presentes João Baía Mourão, que assinou, e sobreditas Leonor Carneira e Ana Folgueira e Maria Folgueira e Mécia Folgueira, que lhes rogaram, e Francisco de Santiago e Estêvão Folgueira, todos moradores nesta vila; e a dita Mécia Folgueira assinou por o saber fazer.
Gonçalo Vaz Vilas-Boas, tabelião, o escrevi.
Seguem-se as assinaturas.

4. Dois extractos do Tombo de Gondifelos (cerca de 1780)

Assinalam-se a itálico nos dois extractos algumas passagens com mais interesse para o objectivo deste livro: a mamoa de baixo no primeiro e o Alto da Pedra Negra no segundo. Actualizámos a escrita.

A Igreja de Baixo intitulada de Santa Marinha de Vicente, a qual principia no Ribeiro da Gravateira, que é da Igreja, para a parte do Sul por onde corre esta freguesia de nascente a poente e tem a bouça que de presentemente possui Miguel João Furtado da freguesia de Balasar trezentas varas e dez, correndo sempre para poente até às saídas das casas de Além, tem de comprido trezentas e sessenta varas; daqui desce pelo valo do Lenteiro até onde tem cento cinquenta e quatro varas. Daqui parte para o norte pela Cruz das Searas, até onde tem cento e cinquenta varas, e logo parte pela cangosta e vai para o rio Este, onde tem cento e vinte varas – esta medição é toda pela parte do sul do dito rio e parte sempre com a Igreja de Balasar pelo sul e poente, em volta, no fim da cangosta, onde faz o dito rio um pequeno vau muito antigo, e não o que agora vão fazendo de novo, que é mais acima e da serventia aos moradores do lugar de Feães

173

desta freguesia, de uma para a outra parte; aí passa esta medição o rio do sul para norte e daí discorre pela beira da água abaixo, sempre de nascente e poente, e tem até ao *Porto das Bouças* seiscentas e trinta e sete varas; *daqui corta para a mamoa de baixo até ao sítio onde estão duas pedras grandes metidas antigamente – dizem se meteram ou desenterraram quando se procuraram as minas encantadas*; e até às tais pedras que servem de marco, tem trezentas e sessenta varas; e daqui parte para o monte até à parede de Covilhã, até onde tem cento e cinquenta varas; é esta parede da Covilhã que é uma bouça grande que hoje possui os filhos do Senhor Francisco de Souza Guerra, de Vila do Conde: tanto pela parte do sul do rio Este como pela parte do norte, confronta esta medição com a freguesia de Balasar em cima pelos montes, e *do vau velho para baixo até a mamoa ou as duas pedras que estão diante dela pela beira do rio como diz o tombo antigo.*

Para esta medição foi notificado o Rev.do Reitor da Igreja de Balasar[119] e por não aparecer se procedeu nela à sua revelia por não haver na sua medição dúvida alguma como a demarcaram os louvados e pessoas antigas, e principia esta medição a confrontar agora na parede da Covilhã no *sítio em que noutro tempo estava um seixo branco dentro na bouça, o qual se não está agora e se há-de pôr em seu lugar um marco com a freguesia de Negreiros*, que fica ao norte desta freguesia e alguma parte ao poente, para cuja confrontação e medição foi notificado o Rev.do António José dos Santos, de Vila do Conde, Abade que de presente é da freguesia, o qual apareceu e trouxe o seu tombo e na sua presença e de dois homens antigos da sua freguesia, a saber António Gon-

---

[119] O reitor de Balasar era então o Pe. António da Silva e Sousa.

çalves, do lugar de Além, Miguel Gomes se foi procedendo na medição.

Aqui acaba a demarcação e confrontação desta freguesia de São Félix de Gondifelos com a de São Martinho de Cavalões (...): no *Alto da Pedra Negra*, bem pelo cume somente ou o mas alto dele, passa outra vez esta medição a confrontar com a freguesia de Balasar até águas vertentes para o ribeiro. Este pertence à freguesia de São Félix de Gondifelos e da outra parte do monte para o sul pertence à freguesa de Balasar e tem até à Ponte da Gravateira, abaixo da estrada, oitocentas e oitenta e oito varas e daqui até junto da Bouça onde se principiou a medição da freguesia de Santa Marinha de Vicente tem duzentas e dez varas. E aqui finaliza a apegação do distrito destas duas freguesias em que não houve dúvida alguma.

5. As matas do concelho e os maninhos de Balasar (1840)

Em Agosto de Agosto 1840, o Administrador do Concelho da Póvoa de Varzim António José dos Santos teve de enviar para o Porto informação sobre as matas do concelho, mas informou também sobre os maninhos de Balasar. Pelo documento ficamos a ter uma ideia muito mais ajustada do que eram os terrenos não cultivados do concelho. A referência que faz a Tibães é também de registar pois consta que os monges deste mosteiro foram pioneiros na área da arboricultura. Curiosa também a referência aos lobos.

175

Ilustríssimo e Excelentíssimo Senhor Barão de Mogadouro, Administrador Geral do Distrito do Porto

Ilustríssimo e Excelentíssimo Senhor

Em satisfação da circular n.º 4, 2.ª Repartição, com data de nove do corrente, em que me manda dar uma relação exacta das diferentes matas existentes neste Concelho, com as especificações nela apresentadas, cumpre-me dizer a V. Ex.cia que neste Concelho não existem matas de que me apreça dever dar a conta, porque apesar de haver grandes pinhais continuados desde a freguesia da Estela, Laundos, Rates e Rio Mau, que formam uma mata fechada, deserta e em sítios medonha e que serve de asilo a lobos, que quase todos os anos ali se acolhem; toda ela se acha retalhada em pequenas sortes, possuídas por inumeráveis particulares tanto deste Concelho como dos de fora, tornando-se impossível a sua medição e cálculo de seu rendimento não só por ser necessário gastar neste trabalho porventura um ano, mas também por se não poder averiguar que seja seu dono. Estes pinhais acham-se todos em terrenos pela maior parte aforados por particulares ao extinto Convento de Tibães, que possuía quase toda a freguesia da Estela, e à Sereníssima Casa de Bragança, principiando pela necessidade de proibir que os ventos atulhassem as terras cultivadas de areias; e cada vez crescem e são de uma riqueza incalculável pelas madeiras que fornecem para usos diários e construção de barcos.

Existem mais alguns maninhos na freguesia de Balasar, mas terra tão ingrata que tem sido inteiramente desprezada, e formam montados quase calvos e compridas charnecas cuja produção é carrasca e carqueja.

À vista desta exposição, espero que V. Ex.cia me esclareça se devo ou não entrar em semelhante averiguação, indican-

176

do-me os meios como a devo levar a fim, o que não poderei fazer facilmente pelas razões acima ponderadas.

Deus guarde a V. Excia.

Administração do Concelho da Póvoa de Varzim, 16 de Abril de 1840.

O Administrador do Concelho, António José dos Santos

6. Leira da Agra do Paço (1842)

Memorial presente ao juiz de paz, cargo ocupado em 1842 por António José dos Santos; foi recebido na sua casa, no lugar do Outeiro, em Balasar, em 22 de Janeiro e menciona a intrigante Agra do Paço.

Dizem Manuel Domingos dos Santos e sua mulher Maria Alves dos Santos, desta freguesia de Balasar, que querem chamar a conciliação António Francisco e mulher, Maria Teresa, e António Domingues da Costa e sua mulher, Liberata Rodrigues, e João Lopes, solteiro, todos da mesma freguesia, a fim de largarem e entregarem aos suplicantes terras e bens que têm em seu poder por arrendamento, pertencentes ao prazo chamando o *Casal de Balasar*, foreiro à Comenda de Chavão, de que os suplicantes António Francisco e mulher *(há qualquer falha no memorial)* a parte do assento e circuito com casa e eira de casco, e a leira no Campo Novo, e António Domingues da Costa e sua mulher a leira da *Agra do Paço*, e João Lopes, solteiro, a Leira das Cortinhas, tudo sito nesta freguesia de Balasar, pertencente ao dito prazo.

Pede ao Sr. Juiz de Paz mande que se citem legalmente, assinando dia e hora e lugar de comparência, e receberá mercê.

7. Três memoriais do Conselheiro Administrador Geral da Sereníssima da Casa de Bragança

Em 27 de Julho de 1849, o Conselheiro Administrador Geral da Sereníssima Casa de Bragança chamou a conciliação do juiz de paz do distrito de Rates três enfiteutas de Balasar. Com excepção dos nomes dos suplicados, das propriedades em causa e das suas rendas, os memoriais são iguais. Mas são dos raros documentos que encontrámos sobre as antigas propriedades reguengas da freguesia.

Diz o Conselheiro Administrador Geral do Sereníssimo Estado e Casa de Bragança que pretende chamar Custódio Lopes da Silva e sua mulher, da freguesia de Balasar, à conciliação sobre o seguinte objecto: os suplicados, como enfiteutas principais do prazo do casal que se chama das *Quebradas*, sito na mesma freguesia, de que é directa senhoria a dita Sereníssima Casa de Bragança, são obrigados a pagar a esta o foro anual de dez rasas e meia de trigo, uma dita de meado, pela medida reguenga, e cem réis. Têm-se-lhes exigido os vencidos nos três anos posteriores à publicação da lei de vinte e dois de Junho de mil oitocentos e quarenta e seis, na conformidade da que nela é disposto, com protesto de não ficar prejudicados os maiores direitos que possam pertencer à Sereníssima Casa, e não se tendo os suplicados submetido a esta justíssima exigência e seja necessário instaurar acção competente no contencioso e deve ser precedido de acto conciliatório, requer que, designando Vossa Senhoria dia e hora, mande que os suplicados sejam citados para comparecer sob pena de revelia, tudo na conformidade da Lei.

Rates, vinte e sete de Julho de mil oitocentos e quarenta e nove.

Como procurador, João Fiúza de Faria.

178

Diz o Conselheiro Administrador Geral da Sereníssima Casa de Bragança que pretende chamar António Domingues e sua mulher, do lugar do Casal da freguesia de Balasar, à conciliação sobre o seguinte objecto: os suplicados, como enfiteutas principais do prazo do *casal* que se chama *de Gestrins*, sito na mesma freguesia, de que é senhoria directa a mesma Sereníssima, são obrigados a pagar a esta o foro anual de dezasseis rasas de trigo, quarenta e oito de pão meado, pela medida reguenga, e cento e setenta e um réis. Têm-se-lhes exigido os vencidos nos anos posteriores à publicação da lei de vinte e dois de Junho de mil oitocentos e quarenta e seis, na conformidade do que nela é disposto, e com protesto de não ficar prejudicados os maiores direitos que possam pertencer à Sereníssima Casa, e não se tendo os suplicados submetido a esta justíssima exigência e seja necessário instaurar a acção competente no contencioso, e deve ser precedido de acto conciliatório, requer que, designando Vossa Senhoria dia e hora, mande que os suplicados sejam citados para comparecer sob pena de revelia, tudo na conformidade da Lei.

Rates, vinte e sete de Julho de mil oitocentos e quarenta e nove.

Como procurador, João Fiúza de Faria.

Diz Conselheiro Administrador Geral da Sereníssima Casa de Bragança que pretende chamar José António da Costa e mulher, da Cascalheira, da freguesia de Balasar, à conciliação sobre o seguinte objecto: os suplicados, como enfiteutas principais do prazo da metade do *casal* chamado *do Telo*, sito na mesma freguesia, de que é senhoria directa a dita Sereníssima Casa de Bragança, são obrigados a pagar a esta o foro anual de trinta e duas rasas de trigo, pela medida reguenga; estão devendo este foro desde a promulgação do decreto de treze de Agosto de mil oitocentos e trinta e dois e tendo-se-lhes exigido os vencidos nos anos posteriores à lei de vinte e dois de Junho de mil oitocentos e quarenta e seis, na conformidade da que nela é disposto, com protesto de não ficar prejudicados os maiores direitos que possam pertencer à Sereníssima Casa, não se têm os suplicados submetido a esta justíssima exigência e como seja necessário instaurar a acção competente no contencioso e deve ser precedido do acto conciliatório, requer que, designando Vossa Senhoria dia e hora, mande que os suplicados sejam citados para comparecer sob pena de revelia, tudo na conformidade da Lei.

Rates, vinte e sete de Julho de mil oitocentos e quarenta e nove.

Como procurador, João Fiúza de Faria.

Algumas datas

4.000 a. C. (*c.*) – São construídos os monumentos megalíticos das mamoas e erguido o provável menir da Pedra Negra.

300 a. C. (*c.*) – Início da valorização religiosa dos outeiros.

750 (*c.*) – Os nomes de algumas das vilas rústicas balasarenses poderão remontar ao início da reconquista cristã, os doutras virão certamente de muito antes.

953 – A "Kartula de Villa Comitis, in Ripa Maris" menciona os "filhos de Gresulfo"; pode ter sido este homem que deu origem ao nome de Gresufes.

1090 (*c.*) – No Censual do Bispo D. Pedro ocorrem pela primeira vez os nomes das freguesias de Santa Eulália de Lousadelo e São Salvador de Gresufes.

1160 (*c.*) – D. Paio Correia o Velho é dono de Gresufes (e de parte de S. Marinha de Vicente e de parte de S. Veríssimo, depois anexada a Cavalões).

1180 (*c.*) – D. Pêro Pais Correia passa algum tempo na Vila do Casal.

1215 (*c.*) – Contenda dos homens do reguengo de Agistrim com os de Macieira. Reimão Peres administra Agistrim.

1220 – As Inquirições de D. Afonso II fazem pela primeira vez menção de Santa Eulália *de Belsar*, onde assinalam a Pousa Real; ignoram Gresufes.

1240 (*c.*) – Soeiro Peres Correia constrói a Casa do Lousadelo.

1258 – As Inquirições de D. Afonso III voltam a mencionar a Pousa Real; afirmam que Gresufes pertencia a D. Paio Soares Correia o Velho, o pai de D. Pêro Pais Correia (já ambos teriam morrido).

1288-91 – As Inquirições de D. Dinis informam dos interesses de Soeiro Correia em Lousadelo e de D. Maria de Fralães, sua mulher, em Escariz.

1343 – As inquirições deste ano referem em Balasar a Póvoa de Guardes, a Ponte de Guardes e a do Curucânio; aventam a hipótese de se construir uma igreja paroquial na póvoa de Guardes. Já se não menciona a Pousa Real.

1391 – Álvaro Vasques, abade de Gresufes, cede o moinho dos Mendos a S. Simão da Junqueira.

1422 – D. Fernando Guerra manda anexar Gresufes a Balasar.

1430 – Primeira anexação de Gresufes a Balasar.

1526 – O abade de Balasar João Rodrigues instituiu em sua filha Genebra Rodrigues o "morgado do Espírito Santo de Vila do Conde". Mais adiante, passa-se a falar da Capela do Espírito Santo.

1528 – Gresufes está anexa a Gondifelos. Documento da Casa da Granja, na Gandra.

1535 *(c.)* – Manuel Gonçalves, abade de Balasar, muda-se para Vila do Conde. Nasce Margarida Vaz; nascerá também Joana Manuel.

1542 – Manuel Gonçalves manda fazer o *Tombo de Santa Ovaya de Ballasar e Gundiffelos e Grisufe, sua anexa*.

1550 *(c.)* – Gomes Carneiro casa com Margarida Vaz e torna-se dono dos bens que hão-de constituir a Quinta de Balasar. Ambos os membros deste casal eram naturais de Vila do Conde e sempre lá residiram. Aquisição da Cruz Processional. Criação do Comenda de Balasar.

1551 – Gresufes, anexa a Balasar, estava em "ermida sem cura".

1566 *(c.)* – Joana Manuel, a outra filha do abade Manuel Gonçalves, casa com o piloto Gaspar Pires, Ouro; possuíram propriedades em Balasar.

1602 – Morre Gomes Carneiro em Vila do Conde.

1612 – Morre Margarida Vaz em Vila do Conde.

Bibliografia

Livros

CORTÊS, Fernando Russell – *Restos arqueológicos de Vila do Conde: O Castro de Argifonso*, Separata de "Trabalhos de Antropologia e Etnologia", 12(3-4), 1949.

COSTA, Avelino de Jesus da – *O Bispo D. Pedro e a Organização da Arquidiocese de Braga*, 2.ª ed., Braga, 1997.

FERNANDES, A. de Almeida – *Toponímia de Ponde de Lima. II. Estudo Toponímico*, Arquivo de Ponte de Lima, 2001.

FERREIRA, José e GONÇALVES, José – *Outeiro Maior*, Outeiro Maior, 2005.

FERREIRA, José – *Monte de Fralães*, Monte de Fralães, 2013.

FERREIRA, Pedro Augusto – *Tentativa Etymologico-Toponymica*, 3.º vol., Porto, 1915.

GAIO, Felgueiras – *Nobiliário das Famílias de Portugal*: http://purl.pt/12151/3.

LIRA, Sérgio, *O Mosteiro da Junqueira – II (Colecção documental)*, colecção História Local, Vila do Conde, 2002.

SILVA, Eduarda Maria M. Moreira da, MATEUS, Maria Rosa M. Luís de Almeida – *Inventário Epigráfico dos Marcos e Divisórias do Concelho da Póvoa de Varzim*, Câmara Municipal da Póvoa de Varzim, 1990.

Artigos do Boletim Cultural *Póvoa de Varzim* editado pela Câmara Municipal

(ANÓNIMO) – *As Inquirições de 1343*, vol. II, n° 2, 1959, págs. 220-232.

FERREIRA, José – *Correias de Fralães em Navais, Aguçadoura e Balasar, no séc. XIII*, 1990, vol. XXVII, págs. 375-381.

MATEUS, Leopoldino – *Santa Eulália de Balasar*, vol. I, n° 2, 1958, págs. 181-201.

NÓBREGA, Vaz-Osório da – *Pedras de Armas no Concelho da Póvoa de Varzim*, vol. II, n° 2, 1959, págs. 335-408.

SOARES, Franquelim Neiva Soares – *Subsídios para a História de Santa Eulália de Balasar*, vol. XV, n° 2, 1976, págs. 199-236.

Outras fontes informativas em suporte de papel

Tombo de Balasar de 1542.
Arquivo da Casa da Granja, na Gandra.
Documentos do Arquivo Municipal.

Internet

"As Vilas do Norte de Portugal":
http://www.rotadoromanico.pt/SiteCollectionDocuments/PerfilHistoriador/As_vilas_do_Norte_de_Portugal.pdf
DINIS, A. Pereira - "Artefactos em bronze do Castro de Penices (Vila Nova de Famalicão). Abordagem aos métodos de análise em Paleometalurgia":
http://www.uaum.uminho.pt/edicoes/revistas/ca_II_10_11/CA%2010_11%20Artefactos%20em%20bronze.pdf
Documentos vários do Arquivo Distrital do Porto, nomeadamente documentos relativos aos Carneiros.

Inquirições Gerais:
http://digitarq.arquivos.pt/details?id=4182562.
MORAIS, Cristóvão Alão de – *Pedatura Lusitana*:
http://purl.pt/12118/3.
Portugaliae Monumenta Historica: http://purl.pt/12270/3/.
Memórias Paroquiais:
http://digitarq.dgarq.gov.pt/details?id=4238720.
Tombo da Comenda de Balasar de 1830-1832:
http://digitarq.dgarq.gov.pt/details?id=4223704
Tombo Paróquia de Gondifelos: fi-
le:///C:/Users/Jos%C3%A9/Downloads/boletimcultural_2%
20(1).pdf
"Tombo do Real Mosteiro de São Simão da Junqueira": é
constituído por vários livros e por isso encontra-se em diferentes endereços, este por exemplo:
http://digitarq.dgarq.gov.pt/details?id=4636693
VITERBO, Joaquim de Santa Rosa de – *Elucidário*:
http://purl.pt/13944/4/

Blogues

Balasar Antiga: http://balmemant.blogspot.pt/
Paio Peres Correia e outros Correias:
http://paioperescorreia.blogspot.pt/
Quinta de Balasar: http://quinbala.blogspot.pt/

ÍNDICE